市文联文学艺术创作扶持专项资金项目

乘物游心

——北京民办博物馆纪实

王琛 著

中国大百科全书出版社

图书在版编目（CIP）数据

乘物游心：北京民办博物馆纪实 / 王琛著.
北京：中国大百科全书出版社，2025.1. -- ISBN 978
-7-5202-1749-1
Ⅰ.G269.271
中国国家版本馆 CIP 数据核字第 2024RA6590 号

出 版 人：刘祚臣
责任编辑：王文晶　贾雨露
责任校对：马　跃
责任印制：魏　婷
设计制作：高斐斐
出版发行：中国大百科全书出版社
地　　址：北京阜成门北大街 17 号
电　　话：010-88390636
邮政编码：100037
印　　制：北京君升印刷有限公司
开　　本：880mm×1230mm 1/32
印　　张：8.5
字　　数：154 千字
版　　次：2025 年 1 月第 1 版
印　　次：2025 年 1 月第 1 次印刷
书　　号：ISBN 978-7-5202-1749-1
定　　价：58.00 元

民办博物馆的藏品,在王琛的妙笔描述下,生动地展示了灿烂的中华文明!

——北京松堂斋民间雕刻博物馆馆长 李松堂

情怀启程,担当前行;如梦如醉,巧补遗缺。打开书页,您会感受到这种精神的力量。

——北京百年世界老电话博物馆馆长 车志红

这本书将成为博物馆从业者、文化爱好者,以及关心文化事业发展的人们的重要参考。

——北京励志堂科举匾额博物馆馆长 韩晓燕

王琛是民办博物馆同人的知心朋友,这本书是她几十年从事博物馆登记、管理工作和深入调研的积累。

——何扬吴茜现代绘画馆馆长 何扬、吴茜

这本书是一把开启民间文化宝藏的钥匙。它真实记录了民办博物馆的兴衰荣辱,将那些被岁月遗忘的故事、独具匠心的藏品一一呈现。

——北京英杰硬石艺术博物馆馆长 李英杰

民办博物馆从成立到发展的二十几年的时间里，经历了数不清的风风雨雨，王琛把这些都融进了笔下真诚的文字里。

——北京东璧堂中医药博物馆馆长　周海利

民办博物馆无数风雨兼程的故事，被王琛以深情而真挚的笔触定格于字里行间，读来令人动容。本书是值得每一位民办博物馆从业者及爱好者细细品读的佳作。

——北京云汇网球博物馆馆长　李云惠

让中国人喝中国酿酒葡萄酿制的葡萄酒，是我梦想成真的幸福。王琛将它写进书中，希望更多的人能够通过这些文字，与我共享这样的幸福。

——北京莱恩堡葡萄酒文化博物馆馆长　王恩来

将饱含人文底蕴、社会进步印记的藏品保存下来，于家国、于未来的学者而言是一份瑰宝。相信在王琛老师的记述下，博物馆从业者这群人的家国情怀，必光芒四射，吸引更多的人加入博物馆事业。

——北京文景珍本期刊博物馆馆长　严真友

目　录

自序　V

第一章　不可忽视的力量　1

北京民办博物馆的启程　4

北京民办博物馆的发展　12

从私藏到共享的北京模式　23

参与共建博物馆之城　26

第二章　破浪行歌　35

万物吾观复：观复博物馆　38

瓦砾鸣夏蛩：古陶文明博物馆　63

携手画春秋：何扬吴茜现代绘画馆　80

金石振馀音：北京遗箴堂金石碑帖博物馆　88

第三章　沐光而行　93

幽花凝紫檀：北京中国紫檀博物馆　96

车行岁月深：北京老爷车博物馆　118

檐头登科第：北京励志堂科举匾额博物馆　130

尘迹满松堂：北京松堂斋民间雕刻博物馆　144

第四章 遗憾离场　151

冰心润百年：北京东旭民族艺术博物馆　153
瓷碎留微声：北京睦明唐古瓷标本博物馆　178
兰亭依旧在：北京天佑兰亭书法文化博物馆　183

第五章 前赴后继　187

流彩凭谁画：北京英杰硬石艺术博物馆　190
微音传旧影：北京大戚收音机电影机博物馆　199
老灶炊新烟：北京九鼎灶文化博物馆　205
京西读书处：北京文景珍本期刊博物馆　210

第六章 他们的选择　221

千里寄情长：北京百年世界老电话博物馆　223
小球牵大梦：北京云汇网球博物馆　233
闲庭阅百草：北京东璧堂中医药博物馆　244
清言酌昔酒：北京莱恩堡葡萄酒文化博物馆　253

后记　深谢暖风传馥郁　261

自序

那一年，我以为是我一个人的春秋。

都说求学、工作、结婚、生子，是人生最重要的几个节点，那么1996年就是我这一生最值得记录的一年。这一年，我结束了漫长的求学生涯，进入北京市社会团体管理办公室，从事社会组织登记管理工作。北京市社会团体管理办公室于1989年成立，1991年被确认为副局级事业单位，现名称为北京市社会组织管理中心，行使北京市民政局赋予的社会组织登记管理的行政职能。

1996年10月30日，北京市文物局批准设立了中华人民共和国成立后的第一批民办博物馆。这是中国博物馆发展史上一件值得被记录的大事。

那个属于我一个人的春秋，与中国博物馆事业发展里程中这样一个重要的春秋重合。这仿佛是一种巧合，又像是暗合了某种天定的因果。

我成了北京民办博物馆发展赛道上一名幸福的陪跑员。

何其有幸，我于2010年组织了全市民办博物馆公益开放的政府购买项目。项目在北京中华民族博物院召开了盛大的新闻发布会，全市民办博物馆都积极参与，响应政府号召向老年人、残疾人、学生免费开放。这次活动不仅有效地向社会宣传了民办博物馆，也锻炼了博物馆人规范化开展公益项目的能力。

2012～2014年，我陪同北京市政协委员冉丽走访了全市几十家民办场馆，协助她完成了《加大对文化类民办非企业单位的扶持力度》建议稿。这也是她后来在北京市政协会议上的发言稿，替面临困难的民办博物馆发声，提出解决问题的建议方案。

我曾经作为撰稿人，参与北京广播网纪录片《北京印象》的制作，让全市的民办博物馆以可视化的形象主动走到老百姓身边，并跟随《北京印象》走出国门，抵达世界上更多的角落。我曾经为北京民办博物馆在用水、用电、用气和税收优惠政策方面进行多方协调，回复人大代表建议和政协提案。我陪伴北京民办博物馆从起步走到今天，为它们成立、变更、年检和评估做一些服务与管理工作，参与它们成长的全过程，在这个前景无比灿烂的行业里，看潮起潮落，赏花谢花开。

如今，从前那个懵懂无邪的小姑娘已到了三千青丝寸染雪的年纪，但依旧在以不变的赤诚，站在为北京民办博物馆登记管理服务的赛道上。

于是，我将北京民办博物馆有关的人和事记录下来，就像记录一段春花般美好的岁月。

第一章
不可忽视的力量

如果将国有博物馆与民办博物馆比喻成钟与磬,那么国有博物馆便是青铜铸造的洪钟,声势浩大;民办博物馆则是玉石打制的编磬,清脆悦耳。磬的音量不如钟声大,却不会被钟声所掩;余韵不及钟声长,却有独特的清晰声响。钟磬合奏,北京博物馆建设才有了金声玉振、相映生辉的盛景。

人们通过收藏来抵御时间腐朽万物的力量，以器物为载体来封印历史，让牵系在他们身体里的智慧、经验和精神内核可以更多地传递下去。这是一种朴素的人类自觉，是人们将生命延续得比寿命更加长久的成功实践。

随着人类的不断实践，人们又通过建立博物馆来留住历史、研究历史、延续历史。这是一种堪称奢华的人类自觉，让博物馆来做文明的守护神，在岁月的洪流里站成涛中之岩，以坚定面对浑洪，以仰望站成巍峨，以中流砥柱的姿态，让终将会消失的人类文明以更加丰富的形式连绵不断地存在。

中国历史上，无论是官方还是民间，收藏行为都由来已久。1905 年，受在日本参观博览会和博物馆的启发，晚清状元、优秀企业家张謇创办了南通博物苑，这是中国历史上第一家由中国人创办的具有现代意义的博物馆。以此为起点，中国开始发展博物馆事业，到 1936 年为止，全国的博物馆总数已经达到了 77 家，如果加上具有博物馆性质的美术馆、古物保存所等，则达到了 231 家。这其中，既有故宫博物院等大型国家级博物馆，也有许多省市级的中、小型博物馆；既有传统的自然、历史和综合性博物馆，又有当时新兴的科技、艺术和专门性博物馆。

但是盛世收藏，乱世黄金，当中国人民以举国之力抵抗外敌侵略的时候，注定无法发展博物馆事业。到1949年中华人民共和国成立时，全国只剩下21家博物馆，馆藏品也早已是散落四处。随着新中国的建设，博物馆事业从零起步，到1966年的时候，全国文化系统的博物馆已超过160家。1983年，中国博物馆学会正式加入国际博物馆协会，开启了中国博物馆国际化的进程。

如果说博物馆事业发展是中国改革开放大潮中一朵重要的浪花，那么北京民办博物馆的启程与发展，则是这朵浪花之中微小却不容忽视的水滴。

北京民办博物馆的启程

古都北京有着3000多年建城史，800多年建都史。这片燕山脚下的土地，有着深厚的文化背景、闳重的人文基础和独一无二的政治地位，为建设国有博物馆创造了得天独厚的物质条件，也为民间收藏提供了更多可能性。而数量庞大的民间收藏，又为北京民办博物馆的建设奠定了丰富的物质基础。

谈到北京民办博物馆的开端,不能不提到一个人。

那是20世纪80年代中后期,社会物质生活比改革开放之前有了一定改观,精神生活随着物质生活的提高有了起步的趋势,正是收藏的最好时期。那时,绝大多数国人还在解决温饱问题,对文物的认识粗浅,即便拥有宝物也是"不识庐山真面目",极小一部分有识之士便有大把的机会找到真品,"捡漏"的事情层出不穷。

当这些人的藏品积累到一定程度,便面临着一个共同的问题:接下来要怎么办?对真正的藏家而言,自己收藏的东西是舍不得再拿出去交换的,就算是去交换,也只是很小的一部分,藏品总会越收越多。该将这些藏品存放于何处?如何安全有效地存放?如清末收藏家刘铁云先生所云:"藏之密室,与埋于土下何异?"收藏家们也在思考这些问题。

是这个关键人物,与收藏家们共情,理解他们的困惑,找到了解题的思路。她就是当时在北京市文物局博物馆处工作的刘超英。

2023年底,我采访了已经从北京市文物局副局长的岗位上退休,正在北京博物馆学会发挥余热的刘超英理事长。她向我详细讲述了中华人民共和国成立后我国民办博物馆的启程。

大约在20世纪80年代末90代初,一些大城市开始有了成立民办博物馆的动向,时常会出现某某私人博物馆开业庆典这样的新闻报道。而实际情况却是某个收藏家找个地方布置些展品，和当地的文物管理部门打个电话说一下，再找一两个记者在报纸上发篇报道，就对外宣称成立了一家"私人博物馆"。作为首都的北京，民间收藏家更多，咨询电话自然接连不断，在博物馆处负责内勤和讲解员培训工作的刘超英，时常被一种茫然的无力感所束缚。

彼时，与博物馆相关的法规只有1979年6月国家文物局出台的《省、市、自治区博物馆工作条例》，其中规定"省、市、自治区博物馆是国家举办的地方综合性或专门性博物馆，是文物和标本的主要收藏机构、宣传教育机构和科学研究机构，是我国社会主义科学文化事业的重要组成部分"，提出"博物馆工作应当在马克思列宁主义、毛泽东思想的指导下，坚持为人民服务、为社会主义服务的方向，贯彻'古为今用'的方针和各项文物工作政策，办成具有鲜明的民族风格和地方特色的社会主义博物馆"。这些极具时代特色的条款，毫无争议地将博物馆定性为国有博物馆。

条例中没有任何登记方面的内容，因为当时的博物馆都是基于历史情况保留下来的，或者是中华人民共和国成立后新设立的国有场馆，姓"公"而非姓"私"，所以不需要登记。也因此，当时全国的博物馆都由各自的上级单位管理，并没有进行统一的行业管理。当时北京市文物局下辖4家博物馆，由刘超英所在的博物馆处进行日常管理，而全市其他部门管理下的国有博物馆的详细情况，没有一个人能够说清楚。大家普遍认为只要是博物馆就是国有单位，对民办博物馆没有一点概念。

刘超英敏锐地察觉到，对博物馆进行行业管理已经势在必行，成立民办博物馆也有极大的社会需求，而那种打个电话，报道一下就算成立个博物馆，显然不是对民办博物馆应有的管理手段。刘超英隐隐感觉到，自己的心里像燃起了一团火，让她不能不有所行动。然而，该如何管理，她也理不出一点头绪。

不过，遇到问题解决问题是她从小养成的习惯。解题之前要先收集资料，再分析如何解决，这是北京大学考古专业毕业的刘超英在学生时代就掌握的方法，于是她决定先从了解全市已有博物馆的基本情况入手。这不是她的分内工作，也非受领导指派，因此她没有理由在工作时间干，只能利用业余时间跑。那时候没有网络，路也没有现在这么四通八达，她所拥有的交通工具只是一辆破旧的自行车。北京的博物馆分散在各个行业里，具体什么样，没有一个人能够说得清楚。没有现成的名单和地址，她就找朋友到处去打听，不知跑了多少冤枉路，扑空也是常有的事，最后的结果也只是以个人的名义去统计名称、电话和开馆时间等最基础的信息。素人如斯，她能做的实在是太有限了。

她用了将近3年的时间，终于对北京市博物馆的基本情况有了大致的了解，结合她一直关注的其他城市私人博物馆的举办动态，她写出了极具分量的调研报告。从"私人博物馆"这个称谓上也可以看出，当时全社会对民办博物馆的界定是不清晰的，"私人"二字，表明了公众对民办博物馆的认知和态度。

1993年12月25日，北京市文物局依托刘超英的调研报告，出台了全国第一部有关博物馆登记的地方性法规——《北京市博物馆登记暂行办法》。内容只有短短9条，但首次提出博物馆应向北京市文物局进行登记，开了全国博物馆行业管理之先河；首次明确公民个人可以建立博物馆，开了民办博物馆设立之先河。以此为标志，北京市引领全国将博物馆管理工作打开了崭新的局面。

在刘超英的奔波努力下，北京市文物局于1996年10月30日率先在全国向社会发布消息，批准设立了观复博物馆、古陶文明博物馆、何扬吴茜现代绘画馆、北京遗箴堂金石碑帖博物馆4家博物馆。这是中华人民共和国成立后的第一批民办博物馆。消息一出，旋即引起全国文博界的广泛关注。

允许公民个人建立博物馆，就要赋予其以相应的法律地位。国有博物馆是在编制机构备案的事业单位，私营企业是在工商行政管理机关登记注册的营利性组织，民办博物馆既不是国家拨款的事业单位，又不是以营利为目的的私有企业，应当如何确认其法律地位，这是摆在刘超英面前的第一个难题。

当时，向北京市文物局提出办私人博物馆的人有很多，总不能谁提出都能办，没有一点门槛吧。于是，对个人举办博物馆到底应该设立什么样的准入门槛，成为刘超英面临的第二个难题。

她一趟趟地跑北京市委机构编制委员会办公室协调推动，为民办博物馆争取相应的法律地位。在她的协调推动下，1997年初，北京市委机构编制委员会办公室为这4家民办博物馆颁发了事业单位法人证书，给了每家博物馆事业编制，如观复博物馆有12个编制，古陶文明博物馆有15个编制，何扬吴茜现代绘画馆有4个编制等。同年8月26日，北京市文物局向这4家民办博物馆颁发了正式的登记证书。至此，北京市民办博物馆首次有了明确的法律地位，可以独立法人的身份参加社会活动。刘超英解决了第一个难题。

她一家家入户对民办博物馆申请人进行情况摸查，了解北京市收藏家的人员结构和藏品种类、数量等，对个人举办博物馆的准入门槛有了初步判断，即"民办博物馆应当填补国有博物馆门类的空白"。至此，第二个难题也有了答案。

1998年是中国公益事业发展重要的一年。10月25日，民政部出台了《社会团体登记管理暂行条例》《民办非企业单位登记管理暂行条例》两个条例，明确了社会团体和民办非企业单位的法律地位和性质属性，标志着社会组织可以以独立法人的身份开展公益活动。《民办非企业单位登记管理暂行条例》为民办博物馆提供了清晰的跑道。

自 2001 年开始，民办博物馆退出事业单位法人的序列，依据《民办非企业单位登记管理暂行条例》的规定，以民办非企业单位的形式登记在民政部门，并由文物部门作为业务主管单位，其民办的社会服务公益属性被确认。这也与国际博物馆协会对博物馆的界定相符，即博物馆是一个不以营利为目的，为社会和社会发展服务的公开的永久机构。

自北京市文物局正式向社会公布设立民办博物馆，到北京市民政局正式将民办博物馆登记为民办非企业单位，只经历了短短 5 年的时间，却是政府从管理的角度对民办博物馆的引导步入正轨的过程。这是中国博物馆事业发展过程中的重要一环。

登记机关的改变意味着身份的改变，意味着法律地位的明确。最初成立的民办博物馆，由事业单位变成民办非企业单位，意味着要放弃事业编制，放弃"民办公助"的可能，成为"不得从事营利性经营活动"的法律主体。这个过程经历了非常艰难又无法抗拒的抉择。

民办博物馆是由非国有资产举办的，不以营利为目的从事社会公益活动的社会服务机构，无法享受国有博物馆的财政拨款和税收政策，却要承担与国有博物馆相同的文物保护和向社会公益开放的责任。刘超英深知其中的不易与不平等，于是她又骑上自行车，奔波于税务部门，为民办博物馆争取与国有博物馆相同的税收政策。

这还不够。作为最先研究民办博物馆的专业人士，刘超英深知自己对其发展有着更大的责任。因此，在之后的工作中，不管职务如何变化，工作如何调整，她始终关注民办博物馆的一举一动，把其发展道路上遇到的问题和困难都当成研究的内容。从人才培养到场馆建设，从日常服务到财务管理等，她组织了无数次专题培训，一步步引领民办博物馆向健康有序的方向发展。

观复博物馆常务副馆长李瑄告诉我，博物馆人对刘超英的称呼，从超英到超英处长、超英局长，最后都落到了"超英大姐"上。她说超英大姐的培训从来都是实打实地有用，对民办博物馆的日常管理非常有效。20多年过去了，观复博物馆的管理中仍带有当初刘超英培训和指导过的印迹。李瑄说，其实那些培训和指导，都是超出超英大姐的工作范畴的，没有人要求她那么做，她都是自觉主动地为大家服务。她就像北京民办博物馆的铺路人，有了她，北京民办博物馆的发展便有了方向。

北京民办博物馆的发展

相较于国有博物馆，利用非国有资产举办的博物馆在很长一段时间内叫法混乱。从最开始大众认知中的"私人博物馆"，到后来媒体上不时出现的"私营博物馆""民间博物馆""私立博物馆"，到依据《民办非企业单位登记管理暂行条例》所称的"民办博物馆"，以及依据《博物馆条例》所称的"非国有博物馆"，称谓可谓五花八门。

从管理的角度看，这类博物馆最开始出现时，没有一个明确的称谓，于是大众、媒体、管理者，以"私"或"民"字为其命名，以区别于国有博物馆。2001年，根据《民办非企业单位登记管理暂行条例》的规定，民办博物馆开始在民政部门以民办非企业单位的名义进行登记，姓"私"或姓"民"的博物馆开始有了比较统一的称谓：民办博物馆。2005年，文化部出台的《博物馆管理办法》，将这类博物馆称为"非国有博物馆"，令其有了新的称谓。2014年，国家文物局发布的《关于民办博物馆设立的指导意见》，依旧使用了"民办博物馆"一词。2015年，国务院颁布的《博物馆条例》，再次将这类博物馆称为"非国有博物馆"。2016年，《中华人民共和国慈善法》出台，将民办非企业单位的名称修改为社会服务机构，但是截至目前，《民办非企业单位登记管理暂行条例》仍在执行，所以民办非企业单位和社会服务机构两个名字，都是指同一类社会组织。目前，从文物管理部门的角度，基本使用"非国有博物馆"这一称谓；而我作为一名民政干部，从民办非企业单位登记管理角度，在此将其称为"民办博物馆"。其实，仅从称谓变化上，也可以看出民办博物馆的发展过程不可能是一帆风顺的，在很多方面都要经过漫长的尝试、探索、演变，最终达成统一或趋于一致。

我从事民办博物馆登记管理工作20多年。从登记管理的角度来看，我认为，自2001年开始登记至2024年这段时间里，北京民办博物馆的发展大致出现了3个阶段。

第一阶段是2001～2010年，算是北京民办博物馆的起步阶段。

在这个阶段，北京市民政部门一共登记了15家民办博物馆。我称它们是第一梯队，是领跑者。

这个梯队的博物馆具有两大特点。一是这个梯队的博物馆基本都是致力于抢救濒危文化遗产，填补某些领域文化空白，补充国有博物馆品类稀缺，对藏品门类和办馆规模的要求都比较高。

观复博物馆，展览包括陶瓷、明清家具、老门窗、冷兵器、漆器、玉器、金属器等，侧重以开放的形式展出藏品，强调人与历史的沟通，突出传统文化的亲和力。

古陶文明博物馆，以古陶、封泥和瓦当为主要内容，展示了一部近乎完整且生动的古陶文明史。

北京中国紫檀博物馆，是中国首家规模最大，收藏研究、陈列展示紫檀、黄花梨等珍贵木器艺术珍品，鉴赏中国传统古典家具和木作工艺的专题类博物馆。

北京中华民族博物院，是一个被老百姓口口相传为中华民族园的大园子，是国内规模最大、民族分类最全的民族文化保护、展示和交流基地。

北京御生堂中医药博物馆，是一家集中医老药铺历史文物、药械药具、医书医案和中药标本的收集整理为一体的中医类博物馆。

北京百年世界老电话博物馆，是全面收藏、展示、研究世界主要通信技术的专题类博物馆。

北京励志堂科举匾额博物馆，以历代科举匾额和与科举制度密切相关的众多科举文物为切入点，全面展示和研究中国科举制度的相关内容。

北京老爷车博物馆，展示一百余辆古典老爷车，完整记录了世界汽车发展史和中国汽车工业的发展史两条脉络。

北京松堂斋民间雕刻博物馆，通过对民族建筑构件及木雕、石雕、砖雕等文物的展示，保护和宣传了中国传统雕刻文化。

此外，还有何扬吴茜现代绘画馆、老甲艺术馆、北京晋商博物馆、北京东旭民族艺术博物馆、北京睦明唐古瓷标本博物馆,以及区级博物馆——北京怀柔喇叭沟门满族民俗博物馆。

二是这一梯队的博物馆的名称不规范。根据1999年12月28日发布的《民办非企业单位名称管理暂行规定》,北京市民办博物馆的名称应当由四部分组成,即北京市的行政区划名称、字号、业务领域和组织形式,如北京御生堂中医药博物馆、北京励志堂科举匾额博物馆等就是比较规范的名称。但在这个阶段,一些博物馆成立初期该规定尚未出台,或在登记过程中对名称管理规定的理解不够深入,导致一些民办博物馆的名称里有缺失的要素。如何扬吴茜现代绘画馆、老甲艺术馆、古陶文明博物馆、观复博物馆等,名称中都没有行政区划"北京";古陶文明博物馆、北京中华民族博物院名称中缺少与业务领域显著区分的字号;北京中国紫檀博物馆名称中字号不符合要求,等等。2024年5月1日,民政部开始施行新的《社会组织名称管理办法》,对民办非企业单位、社会团体和基金会三类社会组织的名称管理作了统一规定和细化要求,之后登记的民办博物馆在名称上将会非常规范。而国有博物馆的名称中是不需要字号的,如北京石刻艺术博物馆、北京古代建筑博物馆等,就只有行政区划、业务领域和组织形式。所以大体来说,从名称上就可以区分出一家博物馆是民办还是国有的。

在当时,对中国的博物馆事业来说,中华人民共和国成立后还没有成功运作民办博物馆的先例。第一梯队踏上征程，就注定成为先驱，成为第一批吃螃蟹的人。他们都无法预判民办博物馆运行过程中可能遇到的困难，就算做好了足够的思想准备，也常常会在风雨的袭击中站不稳脚跟，或一脚踏空。他们都是抱着满腔的热情和挚爱，摸石头过河般走上了一条阴晴不定的道路。在这个过程中，有一些博物馆没能扛住，被风暴席卷改变了方向。北京东旭民族艺术博物馆、北京睦明唐古瓷标本博物馆便是在苦苦拼搏了十多年后，先后被撤销登记。

2011~2013年，整整3年时间，北京没有一家新登记的民办博物馆。无论从成立民办博物馆的社会需求，还是从政府管理的角度来看，我相信这种停滞都是一种战术性调整，是一个总结过去和规划未来的过程。因为从全国来看，民办博物馆发展的脚步并没有放缓。据国家文物局统计，截至2013年底，全国的博物馆总数为4165家，其中民办博物馆811家，占比约19.5%。仅2013年一年，民办博物馆就增加了164家。

基于这样的发展态势，2014年国家文物局出台《关于民办博物馆设立的指导意见》，第一次专门对民办博物馆提出管理上的规定，其中要求展厅面积不低于400平方米；租赁馆舍的，租期不少于5年；要求具有与办馆宗旨相符合、构成体系的藏品及必要的研究资料，藏品不少于300件（套），并进行造册登记；要求能保证民办博物馆年度正常运作的流动资金，开办资金不低于50万元人民币等。这些规定明确了设立民办博物馆的门槛，民办博物馆的整体质量也因此得以提升。

2015年国务院出台《博物馆条例》，首次以法规的形式对博物馆管理工作进行规范，明确提出"国家在博物馆的设立条件、提供社会服务、规范管理、专业技术职称评定、财税扶持政策等方面，公平对待国有和非国有博物馆"。这是政府对民办博物馆呈欣欣向荣态势的一种肯定，也是对民办博物馆这个群体予以重视的一种态度。

2014～2019年，北京民办博物馆事业进入第二阶段，可以看作是短暂调整之后重新进入长跑的阶段。

这6年时间里，北京一共成立了6家民办博物馆，包括北京和苑博物馆、北京御仙都皇家菜博物馆、北京英杰硬石艺术博物馆、北京国韵百年邮票钱币博物馆、北京文旺阁木作博物馆和北京市姜杰钢琴手风琴博物馆。

北京和苑博物馆，成立于2014年7月，位于朝阳区霄云路18号A10。该馆通过举办各类国际性画展、摄影展、音乐会等，传承中华文明，向世界推介中国优秀文化，成为民间外交的大舞台。

北京御仙都皇家菜博物馆，成立于2014年12月，位于海淀区西四环北路117号。馆藏食器、文献等珍贵史料1000多件，用高科技手段重现了近乎完整的皇家养生史,展现了始于夏商周,发展于秦汉,成熟于唐宋元,在明清时期达到顶峰的皇家菜饮食文化。

北京英杰硬石艺术博物馆,成立于2015年4月,位于朝阳区东直门外大街26号。该馆展示了大自然的艺术品——1.2亿年以前因地壳变迁或火山爆发而形成的岩石剖面,以及部分意大利硬石镶嵌作品。在这里,大自然的鬼斧神工与人类社会的完美工艺结合在一起,别有一番风味。

北京国韵百年邮票钱币博物馆,成立于2017年5月,位于海淀区中关村互联网文化创意产业园区。藏品上万件。邮票主展厅展出清朝邮政邮票、中华民国时期邮政邮票、中国人民革命战争时期邮票、中华人民共和国邮票;钱币主展厅展出康乾盛世以来各个时期的钱币及中国人民银行发行的纪念钞(币)、金银币、联体钞,世界多个国家的流通硬币、纸币、联体钞等,系统地整理与展示了邮票和钱币文化。为了更好地展示展览内容,该馆正在重新装修,准备以更好的面貌迎接游客。

北京文旺阁木作博物馆,成立于2017年6月,位于通州区台湖镇东下营村南开发区147号。该馆依托古代木匠展、二十四节气与农具展、度量衡展等与木作文化相关的众多常设展和丰富多样的临时展,将"全国科普教育基地""北京市科普基地""北京市社会大课堂资源单位""首都职工教育培训示范点"的作用发挥到极致。馆内常年举办教育培训活动，开展学校社会大课堂活动，开展职工职业技能培训活动。

北京市姜杰钢琴手风琴博物馆，成立于2018年3月，原址位于海淀区羊坊店街道茂林居4号楼东侧，现已搬至海淀区信息路甲28号。馆里除展示世界百年古典钢琴和手风琴外，还经常举办钢琴、手风琴演奏会，邀请名家现场互动指导。这些活动深受音乐爱好者们的喜爱。

这些我心目中处于第二梯队的民办博物馆，馆藏门类更加丰富，与第一梯队的民办博物馆一样，填补了国有博物馆的空白。

不过，这一时期成立的民办博物馆数量依旧不多。是什么原因呢？一棵小苗长得不够强壮，有可能是因为土壤、水分、阳光、肥料等因素，又是哪一种因素阻碍了民办博物馆的抽枝生发？

北京博物馆学会原秘书长哈骏曾指出存在的问题："包括非国有博物馆在内的博物馆治理体系、治理水平仍然相对滞后，博物馆公共文化供给质量尚待提高，博物馆发展运行中一些重要问题还需要完善法律支撑，一些扶持政策还需要落地完善。非国有博物馆的藏品质量、陈展水平以及专业人才发展方面还需要进一步提升。"

看到问题容易，解决问题太难了。哈骏提到的每一个问题，都是疑难杂症，在当时的政策法规下，当时的管理模式下，当时的认识水平下，当时的经济能力下，都难有真正有疗效的解药。但是有什么关系呢，毕竟"对症下药"已经找到了"症"，就完成了万里长征的第一步。

剩下的就交给时间，交给博物馆人共同的努力与政府的管理智慧吧。

中共十八大以来，北京市委、市政府全面贯彻落实习近平新时代中国特色社会主义思想和习近平总书记对北京一系列重要讲话精神，按照"四个中心"城市战略定位，提出了建设全国文化中心的战略构想，并将建设博物馆之城作为推进全国文化建设的一项重要任务。在这一战略构想的影响下，北京民办博物馆的发展进入高速发展的第三阶段。

2020年至2024年7月底，在北京成立的民办博物馆共有20家，约占北京民办博物馆出现以来总数的一半。

这个阶段的民办博物馆呈现出百花齐放的发展态势。在门类上，包括独具京城特色的北京燕京八绝博物馆、北京皇城御窑金砖博物馆、北京劲飞京作红木文化博物馆、北京金漆镶嵌艺术博物馆；包括带有历史记忆的北京荣唐连环画博物馆、北京大戚收音机电影机博物馆、北京九鼎灶文化博物馆、北京骐骥中国马文化博物馆、北京文景珍本期刊博物馆；包括行业类的北京市和光书院博物馆、北京东璧堂中医药博物馆、北京云汇网球博物馆、北京莱恩堡葡萄酒文化博物馆、北京法和律师博物馆、北京中梦足球博物馆、北京天元中医药博物馆、北京福履布鞋文化博物馆；包括书画艺术领域的北京木木艺术博物馆、北京市天佑兰亭书法文化博物馆和北京金台艺术馆。

其中，北京荣唐连环画博物馆成立于 2020 年 8 月，位于朝阳区豆各庄 1 号易心堂文创园内 14 幢 2 层。内藏连环画及连环画原稿 1453 件套，种类多样，品级好，以时间脉络为主线，从多个方面诠释了 20 世纪 50 年代后中国连环画的发展历程。

北京金漆镶嵌艺术博物馆，成立于 2022 年 9 月，位于朝阳区小红门乡红寺村 40 号，是依托国家级非物质文化遗产项目"金漆镶嵌髹饰技艺"的保护与传承专门打造的非遗主题博物馆。馆内共收藏展示金漆镶嵌技艺工具、设计图纸和雕填、彩绘、镶嵌、刻灰等多种工艺门类的传世佳品，当代工艺美术大师艺术精品，民族特色漆器，以及国礼作品 300 余件（套）。

北京金台艺术馆，是很早就创建的一家民间艺术博物馆，在 1997 年 6 月 30 日就已作为北京怡苑文化艺术促进会的分支机构对外开放，是当时国内最大的民间艺术收藏馆，也是北京一处重要的人文景观和设施完善的对外文化交流窗口。2001年在北京市文物局完成了备案，2023年在北京市民政局完成成立登记，成为独立法人单位。该馆坐落于北京市朝阳公园水碓湖畔，建筑面积3600平方米，拥有800多平方米、净高20米的双层展厅。馆内有袁熙坤世界名人水墨肖像画主题展、袁熙坤国际名人雕塑展、袁熙坤生态环保主题雕塑展、袁氏东方油画展、袁熙坤书法作品展，以及明清经典硬木家具、海外回归文物两个大型展览和奥林匹克文化展。

北京福履布鞋文化博物馆，成立于2024年7月，位于西城区大栅栏街34号3层。举办单位是老字号企业北京内联升鞋业有限公司，以收集、保存和展示布鞋文化相关的藏品，帮助公众了解和欣赏中国古代服饰审美、生活方式、布鞋制作工艺相关知识，为研究中国古代鞋履发展历史和非遗文化传承提供科普教育实践基地为宗旨，展陈了300余件清代和民国时期布鞋藏品，以及与布鞋行业发展相关的广告画、鞋盒及工具等。参观者还可以在国家级非遗大师工作室体验量脚定制服务，零距离领略"手工千层底布鞋制作技艺"。该技艺早在2008年就被列入国家级非物质文化遗产名录。

从这些场馆的成立登记可以看出，很多行业和领域对在北京设立民办博物馆表现出极大的关注与热情。从北京民办博物馆的发展历程可以看出，北京民办博物馆从启程到现在的质的飞越。

从私藏到共享的北京模式

众所周知，收藏是博物馆的基石。改革开放初期，是收藏行业最好的时代。随着收藏行情的一涨再涨，现在的博物馆已经很难再收到真正有价值的藏品了。民办博物馆如此，国有博物馆也大抵如此。国家出资建立国有博物馆非常不容易，除场馆建设、人员编制等持续的大额资金投入外，藏品收集的过程也是相当困难的。毕竟收藏不是短时间可以完成的，并且耗资巨大。据了解，一些新成立的国有博物馆因得到民办博物馆的大力支持，馆藏得以丰富。如古陶文明博物馆就对国有博物馆进行过藏品捐赠，北京东璧堂中医药博物馆也与国有博物馆就藏品捐赠事宜达成了共识。

整个社会大环境的发展，收藏家几十年的积累，才能成就一家民办博物馆。新成立一家民办博物馆，从社会管理的角度来看，远比新建一家国有博物馆的性价比要高得多。一个城市要想让博物馆的质量与数量都达到较高水平，民办博物馆的力量不可忽视。

　　北京的民间收藏具备天然的优势。据北京收藏家协会高博达会长介绍，目前在北京收藏家协会注册并按时缴纳会费的会员有五六百人，协会成立后陆续加入的会员数量更为庞大，而未加入过北京收藏家协会的社会收藏家更是多得无法统计。北京收藏家协会涉及的收藏种类多种多样，包括书画、瓷器、玉石、家具、徽章、钱币、钟表、相机、烟标火花、宣传画、冷兵器、天珠、杂项等种类，以及红色收藏、体育收藏、民俗收藏等专项。充分依靠社会收藏力量举办博物馆，既是发展博物馆事业的路径，也是机会。

　　军人出身的高博达，曾在改革开放初期下海经商获得成功，自20世纪80年代起开始收藏玉器、翡翠和锡器，后来专门研究并收藏中国锡壶。他个人收藏了400余件精品壶，被业界尊称为"中国锡壶第一人"。他出版了《中国锡壶》一书，记录其255件精致藏品。该书被中国国家博物馆、故宫博物院、首都博物馆、陕西历史博物馆、台北故宫博物院、大英博物馆、美国大都会艺术博物馆等收藏。这从侧面反映了他的藏品获得的认可度。

　　同民办博物馆的举办者一样，高博达也非常希望这些珍贵的藏品能够带来最大的社会效益，愿意付出公益行动，因此曾多次应首都博物馆、陕西历史博物馆等国家级博物馆之邀,举办锡器专题展览。不过,他没有设立民办博物馆的打算。究其原因,还是个人力量有限,投入成本太高,如果找不到有效途径,无法长久支撑一家民办博物馆的后续发展;还有对举办博物馆后,藏品需要在北京市文物局备案的顾忌。若因为举办民办博物馆,自己便无法拥有对备案藏品自由支配的权利,他觉得无法接受。

他的顾虑应该代表了众多民间收藏家的态度。打消这些顾虑,让民间收藏家有能力、有动力进入民办博物馆行业,为社会公益事业做出贡献,是北京发展民办博物馆的突破口,也是整个博物馆事业良性发展的有效途径。

2023年4月,北京市文物局、中国收藏家协会、北京收藏家协会,以及北京市、上海市、深圳市等古玩市场负责人、市场经营主体代表、非国有博物馆和类博物馆代表,在北京举办了"民间文物艺术品收藏前景展望"研讨会。与会代表就民间文物艺术品收藏前景进行了深度交流,进一步探索了民间收藏文物的保护利用、文化传承和有序开展公众服务的路径。北京市文物主管部门就引导收藏行业加强行业自律、持续规范收藏市场诚信经营行为、建立常态化公益鉴定机制、规范民间收藏文物鉴定行为进行了表态,对民间健康收藏、进一步厘清民间收藏服务社会的标准和路径加以引导,并介绍了以类博物馆和备案博物馆为目标导向,创造从"私家收藏"到"社会共享"的北京模式。

与会代表进一步研讨了民间收藏如何向公众服务转变的路径,认为非国有博物馆和类博物馆举办者应始终树立为明天收藏今天的理念,借助政府扶持非国有博物馆推出的一系列利好政策,使藏在民间的文物艺术品走出深闺、走向公众,以规范民间收藏服务来进一步丰富北京市的博物馆门类。与会代表还共同发起了《规范民间收藏 增强文化自信》的倡议书,承诺积极参与共建博物馆之城活动,坚持"让文物活起来"的目标,积极参与收藏家兴办非国有博物馆及类博物馆,让收藏资源社会共享,更好地推动文化传承。

参与共建博物馆之城

一直以来,习近平总书记高度重视博物馆工作,并多次赴各地博物馆和文博单位考察。他提出的"一个博物馆就是一所大学校""博物馆是保护和传承人类文明的重要场所,文博工作者使命光荣,责任重大""中国各类博物馆不仅是中国历史的保存者和记录者,也是当代中国人民为实现中华民族伟大复兴的中国梦而奋斗的见证者和参与者""博物馆建设要更完善、更成体系,同时发挥好博物馆的教育功能"等重要论述,一直鼓舞着博物馆人砥砺前行。

2021年5月,中央宣传部等9部门联合印发《关于推进博物馆改革发展的指导意见》,明确提出探索在文化资源丰厚地区建设"博物馆之城""博物馆小镇"等集群聚落。2021年"5·18国际博物馆日",国家文物局、北京市人民政府签署共建北京"博物馆之城"战略合作协议。同年10月,国务院办公厅印发《"十四五"文物保护和科技创新规划》,再次提出探索在文化资源丰厚地区建设"博物馆之城"。国家文物局还进一步指出,要正确分析不同区域博物馆发展现状,立足资源和禀赋,支持北京、西安、大同、南京等有条件的地区打造"博物馆之城"核心示范区,实现不同区域博物馆的集群式发展。北京市委市政府将博物馆之城建设写入北京市"十四五"规划。

重视对民办博物馆的管理与研究,加大扶持力度,无疑对北京建设博物馆之城有着至关重要的促进作用。对民办博物馆给予什么样的政策扶持,一直是管理部门深入研究的重大课题,其难度很大,有很多问题需要探讨研究。

对登记机关民政部门来讲，民办博物馆只是民政管理工作极其微小的一部分。首先，民办博物馆在社会组织的大家庭里，数量比重极低。截至2024年6月底，在全市民政系统登记的正常开展活动的社会组织共计12 358家，其中民办非企业单位7197家，民办博物馆不足40家，从比重上看几乎可以忽略不计。其次，社会组织管理也只是民政工作的一部分，民政部门的主要任务还是服务民生，可以使用财政资金的项目，一般会以服务特殊群体为切入点，侧重社会救助、社会福利、扶贫救灾、社区服务等社会服务类内容。因此，就算民政部门开展对社会组织的扶持工作，民办博物馆在申请项目的时候也难有优势。

对业务主管单位文物主管部门而言，对民办博物馆是否实行奖励或者给予补助，也需要财政部门的通盘考虑。民办博物馆不同于一般的社会组织，其支出是巨大的。房租、人员工资、藏品养护等大项支出，从政府的角度很难全面解决，毕竟民办博物馆是民间资本举办的，与国有博物馆不一样。但是，给予民办博物馆相应的政策支持与资金保障，努力实现对民办博物馆发展的"积极扶持"，是北京市政府部门从管理角度不断研究和探索的工作内容。

2022年，为加快博物馆之城建设，鼓励社会力量兴办博物馆，提升全市博物馆服务质量和水平，北京市出台《北京市社会力量兴办博物馆扶持资金管理办法（暂行）》，以3年为有效期限，对民办博物馆的展览和活动项目进行定额资助以及运行扶持。此外，专门在北京市文物局设立社会力量兴办博物馆扶持资金管理办公室，统筹扶持资金工作，制定扶持资金的年度计划和预算编制，聘请第三方机构进行项目评估，执行项目资金的发放。

扶持资金由市财政部门统一保障。一部分为运行扶持，是对运行状况良好的民办博物馆，根据场馆面积、展览质量、开馆时间、文创产品开发、数字化服务、社会效益等指标进行运行评估，分优秀、合格两个等次，分别给予30万元和25万元资金支持。这部分资金，基本上所有正常开放的民办博物馆都可以获得。这样的扶持有效地促进了民办博物馆运营能力的持续提升，给予了民办博物馆有力的支持。

另一部分是定额资助，针对上一年度实施的符合博物馆定位的展览展示、社教活动的项目进行资助。其中展览展示项目，根据展览主题、展品数量、展位面积、展览时间、展览效果等指标确定入围项目，再根据项目实际发生金额给予最高50%比例的资金支持，最高不超过20万元。对于开展出入境展览的项目，每个项目给予最高不超过40万元的资金支持。对社教活动项目，则根据活动主题、活动特色、课件质量、服务对象、活动效果等指标评出入围项目,根据实际发生金额给予最高50%比例的资金支持,每个项目最高不超过2万元。

对于这部分资金,民办博物馆能够满足条件并获得的难度还是比较大的。由于民办博物馆长年入不敷出,为了顺利运营,让本机构有足够的净资产满足业务活动需要,绝大部分支出都不走博物馆的账目,有些是馆长个人承担,有些则是走与博物馆相关联的公司的账目。因此,很多场馆在财务管理方面都不是很规范。而定额资助,又是对上一年度所举办的展览或项目进行的资助,申报时要求提供为展览或项目所支出的发票。在《北京市社会力量兴办博物馆扶持资金管理办法(暂行)》出台的上一个年度,一些民办博物馆举办展览和活动没有留下相关财务票据,所以没能获得资助,或得到的资助很少。

根据北京市文物局网站上的公示,2022年度获得此项资金支持的民办博物馆,一共仅有7家。比如北京百年世界老电话博物馆,其在2021年为庆祝中国共产党建党100周年举办了"红色通讯展",展览共计投入三十余万元,但费用支出基本是由车志红馆长任法定代表人的公司承担的,因此只申请到不足3000元的政府资助。

在这方面,财务管理规范的民办博物馆就比较有优势。观复博物馆于2021年举办的"好奇·Miao——观复猫钻进古画说起居",同样也是在政策出台的前一年展出,但由于账目清晰,记录完整,所以获得了十几万元的资金支持。

为了争取更高金额的支持资金,很多民办博物馆争相开展丰富多彩的展览活动,并进行了规范的财务管理。根据北京市文物局发布的《2023年北京市社会力量兴办博物馆扶持资金拟扶持项目及单位名单》,有25家社会力量举办的博物馆获得了资金支持,其中包括21家民办博物馆在2022年开展的活动或项目获得认可,远比上一年度获得此项支持的博物馆多得多。如2022年度观复博物馆举办的"龙生九子文化景观展"、参与的"2022年第九届中国博物馆及相关产品与技术博览会"和"中国国际品牌授权展览会"等展览,都得到了项目支出50%的资金扶持。

2023年,在扶持资金政策的激励下,民办博物馆以更加积极的态度和更加规范的管理,争相举办活动。

如观复博物馆以文化爱好者兴趣为出发点,着眼中国传统文化中二十四节气的物候变化规律,结合《观复猫·我们的二十四节气》一书,打造了让文化落地的全新参与体验式同名展览。同时,精心挑选了24件与节气直接或间接相关的馆藏文物,从器物的角度展示了二十四节气的深刻内涵。

北京云汇网球博物馆举办了"中国网球历史文化巡展",

以中国百年网球发展历史为主题，全面展现了中国网球从无到有、从弱到强的发展历程，通过文字、图片、影像以及二维码拓展内容，为观众打造了独一无二的网球文化体验。

古陶文明博物馆举办了"微刻奇观——汉代骨签"专题展和"蛟龙呈祥——文物上的龙特展"；北京英杰硬石艺术博物馆举办了"第三届丝路艺蕴——中欧女艺术家联展"；北京御生堂中医药博物馆举办了"中国历代医案文化展"……

这些精彩又规范的展览，势必会获得更多的资金支持，将产生更加广泛的社会效应。

由此可见，《北京市社会力量兴办博物馆扶持资金管理办法（暂行）》的执行，不仅有效提升了民办博物馆举办展览的热情和活跃度，更对其规范管理起到了极大的促进作用，为探索民办博物馆的扶持与管理工作起到了示范的作用。

此外，各区对民办博物馆的管理工作也在加强。朝阳区是北京市的文化大区，对民办博物馆建设给予了大力支持。2023年5月，朝阳区发布《推进博物馆之城建设三年行动计划》，提出将通过建立多层次全域的博物馆体系、提升文博惠民公共服务能级、培育文博经济融合发展生态多种方式，初步建成全域博物馆，形成博物馆之城建设的朝阳范式。到"十四五"末，朝阳区将建成100家博物馆，覆盖率达到每10万人拥有2.9

家博物馆。为此，朝阳区对场所位于朝阳区的新成立的民办博物馆给予 30 万元的资金支持。

2024 年，西城区出台了《北京市西城区鼓励社会力量兴办博物馆扶持资金管理办法（暂行）》，鼓励社会力量举办博物馆，从设立备案、举办展览展示和社教活动、优秀人才扶持、运行扶持 4 个方面对博物馆进行扶持。

据了解，全市的民办博物馆几乎都在近些年得到过政府不同程度和不同项目的资金支持。以北京金漆镶嵌艺术博物馆为例，仅 2023 年一年就得到过市文物局、市文旅局、朝阳区文旅局等各级政府购买服务及相关项目支持 26 万余元。

对有的民办博物馆来说，政府的资金支持是杯水车薪，或者是锦上添花；而对有的场馆来说，则是雪中送炭，是久旱逢甘霖。无论怎样，这些资助都体现了政府对民办博物馆的支持和保驾护航的决心。

"好风频借力，送我上青云。"2024 年 7 月中旬，北京市文物局公示的数据显示，北京地区备案且正常开放的博物馆达 172 家，其中包括 32 家民办博物馆。从这个行业态势可以看出，北京已经形成了以国有博物馆为主体、以民办博物馆为补充的行业布局。

如果将国有博物馆与民办博物馆比喻成钟与磬，那么国有博物馆便是青铜铸造的洪钟，声势浩大；民办博物馆则是玉石打制的编磬，清脆悦耳。磬的音量不如钟声大，却不会被钟声所掩；余韵不及钟声长，却有独特的清晰声响。钟磬合奏，北京博物馆建设才有了金声玉振、相映生辉的盛景。

第二章

破浪行歌

第一批成立的4家民办博物馆如初春启航的帆船，在寒冷中出发，在破碎中提速，迎着风的方向，冲向未知的洪涛。它们在四季中并肩，在各自的沧波里穿行，一路破浪，一路行歌，演奏出不同的命运交响曲。

从我国博物馆发展的历史画卷中，可以看到民办博物馆的出发，是始于一个还看不清路的黎明。那个时候，放眼世界，特别是经济水平处于领先的国家，以非国有经济的力量举办博物馆，是极为普遍的现象。但在我国，中国历史上曾有过的经验，已经过去了九十余年，由于时代的不同，制度的不同，社会环境的不同，以民间力量举办博物馆完全没有任何可以遵循的轨迹。此外，中华人民共和国成立后的改革开放之路，还正处在摸着石头过河的阶段，整体国民经济水平还很低，很多贫困地区的温饱问题还没有解决。在这个时候以民间力量举办博物馆，是否符合中国国情，是否有必要的物质基础和社会条件，民办博物馆是否有良好的发展前景，路径如何规划，需要什么样的保障力量，都是无从作答的难题。北京市文物局最先批准成立的4家民办博物馆便成为试金石，考验着管理者的智慧，也考验着举办者的决心与能力。第一批成立的4家民办博物馆如初春启航的帆船，在寒冷中出发，在破碎中提速，迎着风的方向，冲向未知的洪涛。它们在四季中并肩，在各自的沧波里穿行，一路破浪，一路行歌，演奏出不同的命运交响曲。

万物吾观复：观复博物馆

马未都曾经说过，历史不会停歇，一刻不停地向前，留下的是物质，带有文化特性的物质就是文物。它是一个证物，证明中华民族曾有过怎样的辉煌，证明人类进步的每一步是怎样的不易。这些组合在一起，就是人类文明和中华民族传统文化的魅力。

这一魅力，也是马未都收藏和举办博物馆的真正原动力。

"万物并作，吾以观复"

在几千年岁月的流转里，华夏子孙把世世代代的智慧与勤劳酿成最为浓郁的酒。年轻的马未都沉醉其间，无法自拔地爱上了古董收藏。20世纪80年代，他几乎把自己所有的业余时间都花在琉璃厂、潘家园等地方，逛书店和古董店成为他生活中必不可少的一日三餐，他饕餮般酣饮着中华传统文化的美酒。

他终于在无数次与文物的触碰和迎纳后，成为小有成就的收藏家，并且一点点加深对收藏的认识。

"致虚极，守静笃。万物并作，吾以观复。"老子在《道德经》中用这句话告诫我们：外界的干扰和诱惑，会让人的私欲膨胀，于是心绪无法空明宁静。如果不想让心灵在忐忑不安中度过，就要能够"致虚"和"守静"。万事万物的发展变化都有其自身规律，从生长到死亡、再生长到再死亡，生生不息，循环往复以至于无穷，我们对身外之物何不去坦然面对？

马未都是这样理解这段话的：你不惜重金买下一件梦寐以求的古玩，可能欣喜若狂，认为这件东西终为自己所有，但其实，不是你拥有了它，而是它拥有了你。设想一下，别说一件汉唐文物，就是明清文物，甚至民国文物，哪件不比你的年龄大？人都是过客，在文物面前匆匆走过。而文物，则看着一代又一代人在它面前出现、消失，再出现、再消失。在这个漫长的过程中，纵然一个个收藏者重复上演着喜怒哀乐，于文物而言，却全是浮云。文物它不悲不喜，从每一个收藏者身边淡然而过。不如遵老子所言，就看看吧。

马未都还进一步认识到，文化给人类带来的好处是无法用数字来衡量的。反映人类所走过的路，展现人类有过怎样的文明，博物馆责无旁贷。作为一个收藏家，一个认识到"万物并作，吾以观复"的文物过客，让自己的藏品发挥出最大的作用，让这些记录着人类文明进程的重要文物在自己的手中再现辉煌，这样做让他心里越发亮堂。

1996年10月30日，北京市文物局正式批准4家民办博物馆设立。带着"万物并作，吾以观复"的理念，马未都将博物馆命名为观复古典艺术博物馆，后将名称变更为观复博物馆。

1997年1月18日，观复古典艺术博物馆率先开馆，成为中华人民共和国成立后第一家正式向公众开放的民办博物馆。

在马未都的精心浇灌下，观复博物馆像一株小小的春苗，在西城区琉璃厂西街扎根发芽。到2001年初的4年时间里，已经迎来了国内外参观者3万多人次，吸引了美国大都会艺术博物馆、西雅图艺术博物馆、故宫博物院、南京博物院等海内外的专家同行前来切磋交流，美国、英国、德国、瑞士等各国大使等前来参观。这栋展览面积只有300多平方米的3层仿古小楼，成为展示中国厚重文化、悠久历史的梦幻花园。

不过，由于展厅面积本就不大，还分成3层，布展空间实在有限，并且琉璃厂不过是一条拓宽的胡同，没有停车的地方，对参观者来讲实为不便。于是2000年底，在向北京市民政局申请登记为民办非企业单位的时候，马未都做出了迁址的决定。

考虑到博物馆应该建在人流量大、交通便利的地方，观复博物馆搬到了比琉璃厂还要繁华的东城区朝阳门内南小街。展厅位于地下室，面积有五六百平方米，楼上还有一间办公室，户外能满足停车的需要，综合条件比在琉璃厂时改善了不少。然而，随着社会的发展，大众对博物馆有了更高的期待，马未都心里也总是有着一种得不到满足的遗憾，因为眼前的展厅，和他心中的理想展厅有着太大的差距。

这种遗憾，在他最初学习收藏的时候就已经埋下了。

20世纪80年代,马未都痴迷于研究古陶瓷。可是在当时,除了能找到了一本《中国陶瓷史》外,找不到其他任何书籍,更无法在故宫之外的其他地方找到一个与古陶瓷有关的展览。于是,在中国青年出版社(现中国青年出版总社)任编辑的他,只要稍有闲暇就到故宫转,成了故宫里的常客。他曾经说过,他已经统计不出自己到底去过故宫多少次了,几百次总是有的。

那年月的故宫展厅,展灯总是不亮的,超期"服役"的日光灯,常常一闪一闪的,像夜空里遥远的星星。对于一个希望把古瓷器里里外外各个细节都观察仔细的学习者而言,在"星光"的照耀下,隔着大厚玻璃观察,就像入夜观花色,隔水望月形,费再大的力气也没法看得清楚,简直是一种精神上的折磨。可是除此之外,他实在没有别的学习途径了。无奈,他便带上三节电池的大手电筒去翻阅故宫这本大书,还一度吓坏了陶瓷馆的工作人员,以为他别有所图,总是像盯贼一样地盯着他。

那段时光像一段美好的影像,映射在他心底的底片上。年轻的他无数次走进故宫,像一个虔诚的信徒,带着一肚子的问题焦急走来,又带着解惑的喜悦尽兴而归。故宫如同心灵栖息之地,又如同身体栖息之地,永远对他敞开怀抱,永远向他展示着不曾离开的过往。他在故宫与历史见面、谈话,在古瓷鉴定的学习上进步迅速。但同时,故宫的光线也成了他的心结。

除了观察不便之外,还有一点总是让他学习的愿望得不到满足,就是故宫的展品位置常年不变,他永远看不到瓷器的背面和底部。于古瓷爱好者而言,瓷器是没有正反面区别的,任何一面都是正面,都是他们渴望看到的一面。至于底部,更是陶瓷鉴赏与鉴定的灵魂。他常常为自己与历史近在咫尺又远在天涯而感到深深的遗憾。

他理想中的观复博物馆,应该是比国有博物馆的观展体验更好的地方,是在展览水平上可以媲美国际上任何著名博物馆的地方,是人们哪怕费尽周折也想抵达的地方。虽然是民办博物馆,他也愿它长出雄鹰的翅膀,可以在更广阔的天空飞翔。他再一次想到了迁址。

2002年,马未都下定决心,将博物馆落地于朝阳区金盏乡张万坟金南路18号。这里是东五环之外,地铁无法到达,从市里开车过来也很麻烦,并且周围除了大片的农田,就是一些老破小的建筑,没有成熟的商业配套。本来一家民办博物馆要吸引游客就非常不容易,就算在交通方便的市中心也未必能有多大的客流量,何况这么一处荒芜之所在。从这个角度讲,搬到金盏乡实在算不上是一个明智的选择。但这里占地面积一下子增加到5000多平方米,还是一处独立的院落,经过装修改造后的展厅面积可以达到3500平方米。仅这一点,就足以抵消所有不利。更何况，具有前瞻性的马未都还看到了这里的发展前景。地处朝阳区，距离798艺术区不远，周围的草场地和长店村是新兴的自由艺术区，这是一个有广阔未来的好地方。马未都相信，具备了这些良好的基础，他足可以酿一壶好酒，让人寻味入深巷。

一草一木，一灯一柜，在荒芜的场地里，马未都开始建造他心中理想的天堂。

他从一个参观者、一个学习者的角度出发，请专业的灯光师设计，为展厅布置了科学、适合的光线亮度；他把每个瓷器用透明的亚克力支架架起来，在底部安放一面大小、角度都合适的镜子，对那些前后图案不一样的瓷器，还会在瓷器背后也摆放一面明亮的镜子。如此这般，让古老的瓷器360度清晰地呈现在参观者面前，人与历史的通道也就此打通。

现在的观复博物馆，主展馆分为上下两层，有独立舒适的办公区和规制严格的库房，有环境优雅的院落可以举办中小型活动，室内室外都有供参观者休息的舒适整洁的空间。

展厅环境舒适宽敞，设有专门的陶瓷馆、家具馆、工艺馆、门窗馆和临展馆。陶瓷馆展出唐、宋、辽、金、元、明、清时期最具代表性的瓷器；家具馆陈列了明清黄花梨木、紫檀木、鸡翅木等珍贵木材制作的家具；工艺馆内常年展出铜胎掐丝珐琅器、铜胎画珐琅器、金属造像、铜器、漆器、玉器、木器、百宝嵌等历代工艺珍品，并设有"松溪草堂"的实景陈列；门窗馆展示明清两代长江、黄河流域民居的门窗、隔扇、围栏等建筑构件；临展馆，是根据情况不定期举办不同主题的特展。此外，展厅还有文创商店。

在观复博物馆，参观者可以邂逅北宋瓷州窑唐草纹梅瓶，邂逅清乾隆青花荷塘纹贯耳尊，邂逅康雍乾时期景德镇烧制的外销瓷器，邂逅清代十八扇三国演义博古纹隔扇门，邂逅明晚期鸡翅木独板翘头案以及卡子花梳背椅……在很多博物馆里，越珍贵的文物越会让观者保持一定的距离，只可远观而不可亵玩。马未都却让观复博物馆里的文物变成身边的朋友，有温度、有热情，永远以好客的姿态等在那里。我曾经无数次参观观复博物馆，不管马未都先生在与不在，都仿如向他面对面求教一样。那些展品就是人与人之间的介质，是语言，是笑容，是双方伸出的手。

在家具展厅，马未都将家具摆放成家居的样子，令参观者可以近距离地与那些明清老家具接触，可以蹲下身来观察，可以对照书中的详解去观察家具的结构与花纹，欣赏那些古老而精湛的手工艺，感受日月春华赋予木器的包浆和光泽，习得明清家具的况味和真韵。

马未都终于把观复博物馆办成了每一位来客心灵和身体的

栖息地,让真心获取知识的人拥有最好的学习体验。

现在的观复博物馆,是北京市民政局命名的第一批社会组织示范基地,连续多次被评为5A级社会组织,几乎每年都会获得重要奖项。以最近几年为例,2021年,获得新华网客户端最具影响力文化奖;"好奇·Miao——观复猫钻进古画说起居"展获得北京市文物局、北京博物馆学会评选的"2021年度北京市博物馆优秀展览";2022年,获得第九届中国博物馆及相关产品与技术博览会"弘博奖"最佳展示奖等。出版的书籍《观复猫小学馆》第二辑"寻找失踪的文物"系列之《马都督拍案惊奇》,荣获"2021年度影响力好书"。这些荣誉和得到的社会好评,表明观复博物馆的展览与呈现一直在与时俱进。可以说,"观复"已经成为一种文化符号,成为北京乃至全国民办博物馆的标杆。

在这些如火如荼的岁月里,观复博物馆又先后在杭州、厦门、上海分别设立了具备独立民办非企业单位法人资质的地方馆。由于场地合约到期等原因,杭州馆和厦门馆现已关闭,上海馆依旧正常营业。

唯有观复,方可漫长。在观复博物馆如春花般绽放的日子里,马未都时刻记得自己的初心。这种以"观复"的心态面对每一天,又以拼搏的力量奋斗每一刻的努力,让马未都有了永远年轻的状态。在漫长的岁月里,有什么可以永恒吗?马未都先生将文物所承载的千年光阴浓缩进博物馆有限的空间里,将自己作为收藏家,作为博物馆人有限的生命行旅融入博物馆无尽的未来中,便是一种辩证的永恒。

微芒燃炬火

在中国,即便是现在更多人认识到博物馆对人的知识结构和整体素养的提升极为重要,但参观博物馆仍是相对很小众的行为,依旧不比其他娱乐形式更吸引人。相较于国有博物馆,民办博物馆展览条件有限,宣传渠道有限,其综合实力根本无法与国有博物馆抗衡。因此,让民办博物馆走进普通大众的视野,是一个漫长而又艰难的过程。

马未都不但用心打造博物馆的内环境,还把培养普通大众的参观意识作为一种社会责任。不同于一些民办博物馆的免费开放,观复博物馆从成立那天起,就是要购票参观的。从最开始成立到2003年,一直是每人次20元的票价。收门票的过程比免费参观更加艰难,因为这是一种意识的培养,无论是对观者的素质,还是对博物馆的发展来说,都是一种良性的引导。马未都希望每一位参观者都能在此享受到最好的服务,收获最多的知识,让每个人都觉得来这里是值得的。那时候,就算是一个人来参观，博物馆也会有专人陪伴，全程免费导览。

然而，门票收入是相当有限的。博物馆的支出又不同于一般的民办非企业单位。观复博物馆虽地处偏僻，但占地面积大，房租压力并不小。运营这么大一个博物馆，所需要的工作人员数量多，对人员资质的要求也很高，工资是极大的开支。博物馆不同于其他社会服务机构，里面都是珍贵文物，安全保障设施的投入非常大，日常维护也需要大量资金。再加上展品的养护、日常水电的使用以及税收等，所有这些支出，都要靠马未都想办法。从1997年观复博物馆开业，到2001年在民政局登记之前的4年时间里，他对博物馆运营的资金投入将近300万元。对于个人而言，这样沉重的负担是难以承受的，马未都身上的压力可想而知。

他一直在寻求突破瓶颈的办法，机会虽迟但终于来了。2008年，马未都接受中央电视台《百家讲坛》栏目组邀请，讲授中国文物及其背后的历史和文化知识。他丰富的学养、幽默的谈吐、独特的风格，一下子赢得了观众的心。普通人通过他的讲解而爱上了历史，爱上了文物收藏，爱上了从小的器物上探寻大的文化根源。进而，他背后的观复博物馆也引起了更多人的关注。人们带着好奇心和求学的念头来到博物馆，并将在参观过程中的惊喜与收获，以发自肺腑的感叹，让更多人知道了这家博物馆。从此，观复博物馆走上了高速发展的轨道。

这的确是一种飞越，但绝不是偶然的行大运，而是马未都每时每刻都在为观复博物馆谋发展，拼尽全力抓住每一次机会努力的结果。

这种努力，贯穿他的整个职业生涯。

这么多年来，他像一个旋转的陀螺，一刻也不敢停歇，甚至一度把自己外出讲座、写作出书等个人收入都投入博物馆的运营之中。当然还是杯水车薪，他又通过推动开发文创产品、开发合作项目等方式，努力开源节流，来保障博物馆的正常运行。

社会上热衷于综艺节目，他便参加录制《同一堂课》《圆桌派》《对白》《天天向上》等文化类综艺节目，其中的《收藏马未都》让他拥有了一大批忠实度非常高的观众。社会上流行脱口秀，他便开启个人脱口秀节目《观复嘟嘟》。这个栏目于2014年11月开播，节目内容对衣食住行、天文地理均有涉及，有知识，有见解，更有人生心得，在优酷平台上线不到一年，点击量就超过3亿，粉丝达上百万人。现在，临近70岁的他也从没有放松过一天，抖音、小红书等各种自媒体平台，都留下了他孜孜不倦的足迹。观复博物馆的抖音号有3个，马未都个人的抖音号有1000多万粉丝，就是年轻人也不及他的活力。

马未都跟着时代发展的节拍，用远超出同龄人的力量，踏出更强的足音。他身体里的小宇宙，永远充满着惊人的力量和可能性。

不过血肉之身,淋世间风雨,食人间烟火,如此奔跑不可能不累,不可能不感觉到重重压力。随着年龄越来越大,跑不动了也是人之常态,但马未都永远都是朝气蓬勃的样子。

不是不会老,而是不能老,因为他的心里装着身后的整个团队。马未都总是说,他的身后,是观复博物馆这面中国民办博物馆的旗帜,也是每一位与他并肩拼搏、情如亲人的观复人。责任在身,他就得时刻保持充沛的能量,坚定前行的方向。唯有向内全力提升自我,向外努力跟上社会发展的脚步,才能像灯塔一样,为观复博物馆的发展指明方向,让观复博物馆这台庞大的机器良好运转。

观复博物馆常务副馆长李瑄,始终"陪跑"在马未都的身边,更了解马未都的一点一滴。她称呼马未都从来不称"马馆长",而是始终尊称马未都为"马先生"。她说,马先生假如不从事博物馆事业,去干任何事,都会干得很好,会过得很轻松。

马未都18岁下乡插队,2年后返城当了5年机车铣工。因为从小酷爱阅读,25岁凭借小说《今夜月儿圆》引起文学界的重视,于是被调到中国青年出版社任文学编辑。在从事编辑工作的10年时间里,他致力于挖掘年轻作者,先后发现了莫言、余华、王朔、刘震云等著名作家,编辑出版了他们的重要作品,为20世纪80年代的中国文学注入了活力,影响了之后中国文学的发展。如果留在文学领域耕耘，他将会成为著名作家、著名编辑。20世纪90年代初，他从出版社辞职，与朋友共同组建海马影视创作室，推出《编辑部的故事》《海马歌舞厅》等经典室内喜剧。他还是《海马歌舞厅》的编剧之一，与他共同担任编剧的有王朔、海岩、刘震云、莫言、梁左等。他们不是文学界的大咖，就是影视圈的顶流。如果他坚持在影视圈走下去，也会成为影视界的中流砥柱。后来，他将个人对文物收藏的爱好变为主业，1993年出版普及性文物专著《马说陶瓷》，该书成为无数传统文化爱好者的启蒙读物。举办观复博物馆之后，马未都便将写作的重点放到与收藏、历史文化、博物馆有关的内容上，写的书都成了畅销书。而他偏偏选择跨进公益领域，将历史文化的传承，将民办博物馆的发展担在肩上。如果有一点功利的想法，他都不会作此选择。

马未都深感自己的幸运，他说："张謇办的第一家博物馆距今仅仅百年。那时候的中国，积贫积弱，正处在风起云涌的变革前夕，尚无暇顾及我们深厚浓重的文化，尚不知这样一笔不可估量的财富对我们会有何等益处。而我是在一个本来不可为的时候，做了博物馆，我一直认为我们的前辈比我更有能力，但当时的社会没有给他们这个机会。现在，社会给了我这样一个机会，我就更应该珍惜。"

他不愿辜负时代对自己的厚爱。他总是无比庆幸地说，自己每一步都踩准点儿了。在大家对收藏都没有概念的时候,他开始了收藏;在民办博物馆连概念都没有的时候,他举办了观复博物馆;在老百姓开始对收藏感兴趣的时候,他已经成为文化学者,通过《百家讲坛》得到大众的认可,进而带领观复博物馆走上良性发展的道路;在网络兴起的时候,"花肥肥"们来到他身边,启发他打造观复猫天团,通过网络宣传博物馆。他因为自己被时代选中,而更觉身上责任重大。

举办观复博物馆的经历,让马未都深刻认识到个人的力量太渺小了,理事会制度化才是博物馆永久生存的基石。他相信,一个对文化有着向往,对社会有着责任的群体,才是博物馆的主宰。于是,他加强理事会建设,一点点放手日常的管理工作。他要求团队通力合作,各司其职,在没有他参与的情况下,也可以顺利完成各项工作任务。他努力把观复博物馆打造成一个强大的真正独立的法人单位。

同时,为了更好地运营观复博物馆,也为了观复博物馆可以在他没有精力管理的时候,还能够良好、长久地生存下去,马未都学习国外的先进经验,于2009年10月发起成立了北京观复文化基金会,以基金会的形式专项支持博物馆建设。

他知道,民办博物馆是公益组织,从成立之日起,属于博物馆的一切就不再属于个人。他也知道,自己的藏品数量之巨,品类之多,其价值几乎是无法估量的。不过,他在很多场合都做出了这样的承诺：他的藏品不会传给自己的儿子，更不可能在百年之后变卖掉，所有的藏品，他希望留给国家，留给社会。

　　李瑄说，马先生并不讳言自己的身后事。他希望自己可以变成一尊雕塑，立于观复博物馆的院子里，向每一个参观者微笑招手。他希望观复博物馆的存在是百年，是千年，是永远。他是真的把观复博物馆当成了自己的孩子，永远为孩子计长远，从不想任何回报。

　　有人说，你若奔跑，世界便随你奔跑；你若止步，世界便舍你而去。马未都的精神力量，成为一种万能黏合剂，将不同经历、不同个性、不同想法的观复人黏在了一起。

　　对传统文化的热爱，对共同事业的热爱，让观复博物馆的团队聚在一起，大家像一团火，每个人都奉献自己的一点光。走在博物馆里，可以看到每一位工作人员都面带微笑，气质温文尔雅。从建馆早期就在这里工作的老员工有十几个人，有的已经成为管理人员，有的还是在保安或保洁的岗位上。无论在哪个岗位，每个人都安心工作，尽自己最大的努力把本职工作做到最好。大家见面时，都会真诚地问好。每个人都真心热爱在博物馆里的工作，都真心为"观复"这个文化符号付出。他们都把工作当作幸福生活不可或缺的一部分。

　　这种燃烧的激情，在最困难的时候更彰显力量。

　　新冠肺炎疫情前，观复博物馆的年接待量是十多万人次。疫情期间，参观量不及往年的50%。收入锐减，但是博物馆每天还要负担庞大的支出。怎么办？聪明能干如马未都也一筹莫展。

这个时候，观复博物馆的整个管理团队集体开会讨论，一致同意只领最低工资，与博物馆共渡难关。那是一段晦暗的日子，博物馆时而大门紧闭，唯有几十只观复猫还在正常上班，时而大门敞开，所有工作人员微笑就位，却没有一位参观者前来。那也是一段温暖的日子，因为大家拧成一股绳，合成一股力，共同面对天灾。

随着疫情结束，博物馆工作回归正常，马未都立即提议并经理事会决议，为大家补上了少发的薪资。

以一己之微芒，燃众人之炬火。以众人之群力，抵岁月之漫长。这就是人类情感中最美好的一种表现。

追光人李瑄

李瑄，是我接触的第一个民办博物馆人。

可能是因为工作的原因，受到收藏家的影响，有一段时间，我疯狂地爱上了收藏。我买了大量书籍，逐字逐句地研读那些生涩的讲解；每到周末必满北京跑，到各家博物馆去打卡，举着书对照展品一点一点消化书上的内容，发现展品与书中所写的不一样，便会产生疑惑。这很好笑，但这可能是每个学习古董鉴别的人的必经之路。然后，我流连于各地的古玩市场，将那些看起来十分古老，一问价又非常亲民的古瓷、古玉捧在手里，细细端详。我像一只蝴蝶飞进了花圃，被每一朵花所吸引，流连忘返，沉迷而狂热。

当然，我还残存一丝丝理智，在真正下手前会先拍张照片发给李瑄，请她给我掌掌眼。

李瑄常常迅速打来电话，无外乎一个中心思想：你又手痒痒了是吗？那也忍住。

我不甘心，更不服气。我背会了那么多鉴赏的"秘诀"，也在博物馆里对着真东西反复研习过，早觉得自己胸有成竹了，总不能一进"考场"就掉链子吧。

我说："马先生要是在旁边，你请他帮我看看。我觉得我不会看走眼的。"

她便笑："用不着马先生，我就看出一眼假来了。"

我还是不服，逼着她请马先生出山。没多久，李瑄便会回复我说，马先生问你是不是特别有钱。

每每此刻，我就只剩下深深叹气的份儿，怏怏地把东西放回原处。当然也有很多次在她回复之前，我按捺不住内心的冲动，早早据为己有。回想那个时候，恨不得把自己的手给剁了。

放弃当一个"收藏家"的打算，实在是缘于太多次的失败——竟无一次成功。说心里话，我特别羡慕李瑄，近朱者赤，几十年的博物馆生涯，让她在古瓷和古玉等很多领域，已经修炼成资深鉴定家了。

每次给她打电话半天没有人接，等回过来时告诉我，她正在库房清点馆藏，或者正在为新展布展，我便知道，天下没有免费的午餐。要想拥有好眼力，就要如李瑄这样，拿着真东西，反反复复地触摸，反反复复地辨认细节，反反复复地让记忆与历史岁月产生关联，反反复复地向行家请教，反反复复地在这种接触中进入时间深处。李瑄变成内行可不是一日之工。

初识李瑄，是在20多年前。那时候，我们还都青春年少，李瑄已经在观复博物馆里工作五六年了，做的是最基础的工作，从讲解到打扫卫生，再到来游客时前前后后的接待。那时候博物馆人手少，也没有太细致的分工，有什么活大家都抢着干。她曾经告诉我，她毕业后本来是到了一家国企工作，仅仅是因为陪朋友到刚刚成立的观复博物馆面试，她就一下子被博物馆里的氛围吸引住了。然后，她瞒着家人，毅然决然地辞了职，一头扎进博物馆里，再没有想过出来。

李瑄说，她小时候的理想，其实不是成为一个博物馆人。她小时候对博物馆没有什么概念，就想做个小商小贩，租个店面卖包子。她理想的人生，曾经是当一个包子西施。

我们一见如故，讲起那些从前的经历，那些幼稚的想法，两个人经常会笑作一团。

我几乎是看着她，从一个天真烂漫的打算卖一辈子包子的小姑娘，成长为一名成熟的博物馆从业人员，一名职业女性。这么多年，每一次见面，我都能感受到她对观复博物馆发自内心的爱，她对所从事的工作发自内心的爱。那种如朝霞般喷薄而出的情感，不是说出来的，也不是刻意表现出来的，而是有一种无形的力量，像春风吹过树梢，像青草覆盖田野，是可以被感染到，被捕捉到，被影响到的。如今的她，已经是观复博物馆常务副馆长，全面负责馆藏与展览、接待及社会教育工作。同时，她还担任中国博物馆协会非国有专业委员会主任委员、北京博物馆学会非国有专业委员会主任。她承担了很多社会责任，是一名真真正正的公益界人士。

2023年，李瑄为全新体验式展览"观复猫·我们的二十四节气"特展，精心挑选了24件与节气直接或间接相关的馆藏文物，使展览从器物的角度展示了二十四节气的深刻内涵。这样的展览，观复博物馆每年都有，李瑄总能为每一次特展挑选到最恰当的展品。

我很好奇，观复博物馆的馆藏如此丰富，有多种品类，每一件都不同，她是如何从中准确挑选出与每个展览主题相关的文物的。说实话，家里的东西，我自己收好的都常常找不到。她告诉我，只要用心便能记住，她已经把这些文物反反复复记忆20多年了。她说了一个加深记忆的窍门，就是每次办完临展，她都亲自清点物品之后再封库，她说长此以往，记忆就更加深刻了。

当我与她一起坐在观复博物馆宽大的玻璃窗前，看着前来参观的游客往来如织，心里更是有无限的感慨。

李瑄已经与观复博物馆里的文物融为一体了。她的一举一动，都透着温婉与知性。她说，博物馆是一本大书，永远也翻阅不完。哪怕读过的文字，每一次重复阅读，也都有新的收获。她在这里不仅仅是工作，更是学习，只恨时间太匆忙，每一天的时间都不够用。就是有了这样的认知，她的气质里便有了这本"大书"的沉稳与厚重。

20多年的岁月，如流水一般匆匆而过。每一天的朝发夕归，李瑄都做着同一件事，每一天，她又做着完全不同的事。

她有时间就去巡馆，遇到游客一知半解，她也会主动上前讲解一番。她会对展陈进行各种处理和布置，想方设法地用最适合的方式保护藏品，更好地展示藏品。常年日积月累锻炼出来的业务能力，使她在参与创建2002年成立的杭州馆、2005年成立的厦门馆、2015年成立的上海馆的过程中大显身手；使她在日常处理观复博物馆的大小事务中游刃有余；使她策划出各种有趣的、有意义的、新颖的，获得大众认可的展览。

在职业素养方面，她深受马未都先生的影响。从前人手少，马先生几乎是手把手地教她处理各项事务，手把手地教她认识和熟悉藏品。她跟在马未都身后一点一滴地学习、领悟。我能够感觉到，是博物馆对她的浸润，智者对她的引导，造就了知性温婉又充满智慧的她。

李瑨的开朗和幽默，总是带着马未都先生的影子。她给我讲起博物馆里的事情，经常像是讲笑话，令人捧腹。当我问起她是如何二十几年如一日，永远保持对工作的热爱，没有一点负面情绪的，她给我讲了个故事。

她说，马先生就像她的人生导师。她常常把马先生的教导当作人生信条。记得很久以前有一次，马先生问他们几个年轻人：你们认为一个人成熟的标志是什么？

她刚好读过一篇文章，立刻抢着回答："当一个小孩子学会了说谎，他就成熟了。"

马先生认真地说："不对。人成熟的标志，是当他受委屈的时候，学会了承受。"

从此，每当她在生活中、在工作中感觉到不如意，感觉受了委屈，都会想起马先生的这句话，然后自我开解，将一切化解于无形。

"前些天，我无意中向马先生提起这件事，结果马先生愣愣地看着我说：'这是我说的吗？我怎么不记得了？'"

最后这句"包袱"，抖得我俩再次笑作一团。谁说调侃不是一种幽默，谁说幽默不是一种智慧。

看着观复博物馆的展陈，想象着那些陈列在玻璃窗里的瓷器，从一抔泥土，被制成坯，被修成型，被上了釉，被入窑烧制，成为一件精美的瓷器，然后又经过漫长的岁月的洗礼，从一件普通的瓷器变成无价的文物。在我的心目中，李瑄也是一样。初遇她时，她虽已从泥块被塑成了型，却还是个粗制的半成品，而现在，她已经在观复博物馆经过烈火烧炙，经过时间打磨，变成了一件精美绝伦的艺术收藏品。

观复猫天团

坦白说，如果仅仅是参观体验好，还不足以表达我对观复博物馆的喜爱。观复博物馆最吸引我的，是我可以反复带着女儿去参观。淘气又多动的女儿进了观复博物馆就可以安静下来，仿佛翻开了一本喜爱的书籍，永远有阅读不完的新鲜感，有抵抗不了的吸引力。博物馆对孩子的吸引力，马未都先生的作用肯定不是第一位的，位列第一的当然是"观复猫天团"。

2003年的一天，马未都接到朋友的电话，称有一只流浪的大黑猫，性格特别好，长得特别漂亮，浑身一根杂毛都没有，因为居无定所，问博物馆能不能收养。马未都喜欢猫，但担心"猫性难测"，博物馆里都是文物，猫的脾气上来，一爪子打碎个瓶子可不比在家里摔个碗，往名画和家具上撒泡尿可不光是味道难闻。更何况馆里的工作人员已经一人顶三个岗了，哪里还分得出人来专门照顾猫。可朋友的再三恳求又让他犹豫，本来就心软，又碍于情面，便在心里找借口，觉得黑猫镇宅，博物馆里都是古物，有只黑猫镇着也不错。在一个雷雨交加的夜晚，正值壮年的大黑猫被接了过来，性格果然出奇地好，温顺又聪明，一双碧绿色的大眼睛仿佛能看透世间所有的秘密。

这就是第一只观复猫，马未都给它起名"花肥肥"。之所以姓"花"而不姓"黑"，是因为它其实是一只狸花猫，所谓"一根杂毛都没有"，实际上全身上下都是"杂"毛，一根黑毛都没有。

"花肥肥"就像一块吸铁石，"吸"来了一只又一只天团成员。马未都自家楼下草丛里流浪的黄枪枪，被弃养的蓝毛毛、麻条条，朋友送来的云朵朵……它们带着不同的身世经历，齐聚到观复博物馆这个新的大家庭里。马未都欣然"认命"，他每天花更多的时间在博物馆，享受着"众猫捧月"的幸福，也思考着流浪猫与博物馆的关系。2015年，马未都给自己下了"委任状"——担任"马霸霸"，开始打造"观复猫天团"。

"马霸霸"亲自为观复猫设计了猫办公室、猫公馆、猫童话城堡、猫别墅、猫亭五大建筑（据说马未都设计完草图，便低声下气地征求趴在旁边的花肥肥的意见，花肥肥斜乜着眼睛未置可否，马未都便乐颠颠地认为它默许了）；专门招聘有爱心、具备专业资质的人员负责猫的日常生活，包括对猫的饮食调理、活动安排，甚至是心理调节；开设独立的微博和微信公众号，让它们的生活日常被更多人了解。

马未都还特别根据观复猫的独特个性，为它们任命了专门的职务：花肥肥以其沉稳的个性，大方的性格，资深的履历，当然最主要的还是能拿捏马霸霸感情的能力，当之无愧成为观复博物馆的理事长；麻条条体形小，胆子小，不喜欢与其他猫争地盘，每天留恋在售票处"监督票务工作"，被任命为运营馆长；蓝毛毛是学术派，日常频繁出现在书架上，摆出一副求知若渴的样子，成功征服了求贤若渴的马霸霸，被任命为学术馆长；小二黑凭借超凡的武力值，被任命为安保馆长；戴南瓜的武力值与小二黑不相上下，却在某一天看透"猫生"，华丽转身隐退江湖，再不当"大哥"，被任命为纪检馆长……

观复猫与文物融为一体，彼此陪伴，又不互相打扰。无论是活泼好动的猫，还是性格孤僻的猫，都不会去破坏展品，就算喜欢流连在展厅里的猫，也总是小心翼翼、轻手轻脚。它们乖乖地待在文物旁边，感受文化气息带给自己的安静。有了猫的陪衬，充满岁月痕迹的文物似乎焕发出新的生机；有了文物的陪衬，呆萌的猫也有了气质。这种组合真是一种天作之合，总是能让人拍出爱不释手的"大片"。

观复博物馆为了吸引游客了解文物，了解历史，更好地宣传观复文化，在《观复猫：博物馆的猫馆长》《观复猫演义之咒言蜜语》《观复猫：我想跟你过个节》等书中，"观复猫天团"以漫画的形象与大小朋友相见，让人们通过阅读来了解观复猫，再通过观复猫萌萌的形象与历史文化产生联结。观复博物馆还开办《喵星人说爱你》等猫课堂,介绍博物馆的展览和藏品,让久远的历史故事、艰深的文物知识点,变成令人无法抗拒的、有趣的内容。基于漫画和插画形象设计的观复猫文创产品也格外受到人们的喜爱,带有观复猫形象的马克杯、保温杯、桌垫、抱枕、小夜灯、零钱包、贴纸、猫徽章,进入人们生活的方方面面。

人们说爱上观复猫天团是"始于颜值,陷于个性,忠于内涵",这是因为很多人都是从爱上了"有文化"的观复猫,而爱上了逛有深度的观复博物馆。他们会带上画笔和画纸来到这里,撸猫的同时,画下一只只观复猫生动的姿态,有的人还会把画作送给观复博物馆。为此,观复博物馆还特意组织举办了画展,展示粉丝画的观复猫,吸引了更多文物爱好者、书画爱好者和孩子前来参观。

人们在猫馆长的陪伴下进馆参观,认真听讲解员介绍那些藏品背后的故事。他们来了一次又一次,用自己擅长的方式,把观复博物馆和观复猫介绍到全世界。

如今,"观复猫天团"已经有40多只萌萌的、又相当负责任的在编成员了,其中有像花肥肥这样的元老,在完成历史使命后已经返回喵星球。

我的女儿也在观复猫的吸引下,变成了一个热爱参观博物馆的孩子。她不但自己来，还宣传给自己的小伙伴，并且带着小伙伴参加培训，一起做小小志愿者，进入场馆为游客讲解。

我相信，在某种程度上，观复博物馆或许影响了很多孩子的一生。

现在已经很难说清楚，是观复猫带火了观复博物馆，还是观复博物馆有了观复猫，才有了生机勃勃的事业和可以预见的光辉未来。这两者之间一定是相辅相成的，观复猫天团已经成为博物馆与观众之间的特殊联结。

去年，金秋如画，我踩着金黄的落叶，又一次来到观复博物馆，看到观复猫在慵懒地晒着太阳，马先生坐在一楼宽大的落地窗前，与友人饮茶聊天，如织的游客漫步在展馆中。我走进展馆，与他们一起，体味古人的生活韵味，领略中国古代文化的无穷魅力。

瓦砾鸣夏蛩：古陶文明博物馆

与观复博物馆同一天被北京市文物局批准成立的古陶文明博物馆，于 1997 年 6 月 15 日正式向社会开放，2002 年 4 月 17 日在北京市民政局登记注册。

道在瓦砾

古陶文明博物馆成立之后,馆长路东之亲自布展,亲自标写展品题记,推出"彩陶渊薮""瓦当大观""古陶序列""封泥绝响"4个专题系列展览。其中"彩陶渊薮"展出距今4000年左右的新石器时代彩陶近百件;"瓦当大观"是全国第一个按年代、地域和功用划分的专题瓦当展览,展出战国秦汉瓦当140件;"古陶序列"展出周秦汉唐2000年间不同器型与品类的陶质文物130件;"封泥绝响"展出秦汉封泥近200枚,是博物馆最重要也最具学术价值的藏品体系,也是迄今最重要的封泥专题展览。这些展品一经展出,立即在国内外引起重大反响。

古陶文明博物馆的藏品,都是些土里土气的砖头瓦块,无论从色彩、形态,还是从大众认可的品类价值角度看,都没有任何吸睛之处,但这些新石器时代的彩陶和唐以前的陶器,战国以及秦汉时期的瓦当与封泥,却构成了一部近乎完整且形象生动的古陶文明史。

只有懂行的人才知其中的分量。

收藏界更认可那些带釉的、更鲜亮、更吸睛的古瓷器,却忽视了在上釉彩之前,古陶曾一度占据了当时人们生活的主要空间。

如果说最早的陶器是人类将水、土、火这三种完全不同的物质，以一种近乎完美的方式结合，让它们融为一体，为人所用，那么彩陶便是人们在"可用"的基础上进一步延伸，为它们扮美，让它们不仅可用，更让它们可赏。古陶的产生与发展，不是在蒙昧状态下无知无觉的偶然，而是一种人类自主自觉的行为，这种人类自觉，是一种相当精彩而高级的文明演化。

路东之收藏的一只红山文化遗址出土的多工艺红陶靴，鞋面图案是三角纹，靴底图案是立体的直棱横纹。整体设计造型精美，方便实用。这只陶靴长13厘米，宽5.5厘米，高6.8厘米，远比现代成年人的脚要小。从鞋形设计来看，既符合人体工程学，又有防滑设计。

现在，我们已无从知晓这样一只小小的陶靴，是为孩子的小脚而做的鞋楦，还是仅仅是一件神器或玩物。不管如何，我们都可以从中推断出，华夏先祖在较早的历史阶段，就已经拥有了较高的审美品位和较为超前的生活智慧。

一只马厂类型舞蹈纹单耳高颈壶的彩陶，造型简洁，图案奇巧，中间的舞者有头与躯干，周围的舞者则只有四肢。这种带有神秘感和原始美感的抽象图案，令这件陶器成为路东之的最爱。"中间舞蹈人有头与躯干，而其两侧配角则省去躯干，但见四肢，飞扬劲舞，这与现实生活中我们感知的情形相洽：面对狂欢劲舞的场面，我们感知最多最主要的往往只是舞者的四肢。"路东之深情地感叹，"神飞太古四千年，长河落日之下，伴凫飞鱼跃，抑或皓月当空之时，随流水蛙声，辽阔长滩之上，一片欢声笑语，女神一般尊贵的氏族首领正与部族善舞之众狂歌劲舞，尽展生命的力量与美，真豪爽雄昂意态，好一幅来自上古的夏晚狂欢图！"路东之的慨叹，让古代的抽象美更加深刻了。

马厂类型陶器是在甘肃、青海地区出土的一种陶器类型，以彩陶最为突出，也有红陶和少量的灰陶与白陶。器形与半山类型陶器有很多相似点，但比半山类型陶器有所发展，主要是单把筒形杯，彩绘用黑、红两色，纹饰有波折纹、圆圈纹、菱形纹、编织纹和变体蛙纹等。早期器物器表打磨光滑，晚期只有个别的经过打磨。

就是这些看起来不起眼，但内藏深刻内容的古陶器，构成了古陶文明博物馆"彩陶渊薮"和"古陶序列"的问陶之旅。

瓦当也是难入收藏家法眼的物件，它是中国古代建筑上的一种构件。瓦当，又称瓦头，位于砖瓦结构的老房子所有瓦片的最前端，起着防水、排水、保护木檐、美化建筑的作用。普通百姓家的屋檐上，一般都是素面的瓦当，只有身份高贵的人家，才会在瓦当之上绘制各种精美的图案，如花卉、动物等，帝王之家则雕龙刻凤。由于年代久远，且瓦当图案再精美也不过是瓦片，历来少有人关注瓦当，很多研究价值极高的瓦当，都被随意丢弃，甚至被当地老百姓用作制作糕点的"花馍案子"，用坏就扔了，存世的数量非常少。

古陶文明博物馆中有一枚瓦当比普通瓦当大得多，右上方缺了个角，左下方也有些残破，但是有一种高高在上的气度，俯瞰天下的美，一种在岁月的磨砺中绝不屈服，绝不妥协，反而越发坚韧、越发高贵的美。在这枚残缺的圆形瓦当上，最中间是一只雄浑的大鸟，其利喙长距，周望极目，奋翅鼓翼，昂首向天。大鸟由直线和弧线勾勒，既抽象又具体，于细微中带着威猛的力量。外围是一圈椭圆形的小钮，众星捧月般围绕着大鸟。最外侧，则是一圈如太阳光一样的线条。这样的图案，放在现当代艺术中，也不失为一件造型华美、想象力独特的艺术珍品。

这只大鸟是古代神话中的神鸟金乌，传说居于太阳之上，有三足。这枚瓦当就是以这只神鸟来命名的金乌瓦当。

这枚汉代金乌瓦当，原是西汉甘泉宫（位于今陕西咸阳淳化县北约20多千米的甘泉山）的殿前瓦。甘泉宫距离国都长安有百公里远，相当于陪都，规模和地位仅次于长安的未央宫。据史书记载，甘泉宫所在地是"黄帝以来祭天圜邱之处"，传说中黄帝不但在此祭祀神灵，还在此羽化升仙。这一带山清水秀，所以汉代皇帝们经常来此避暑、狩猎，顺便处理政务。

从某种意义上说，这枚西汉金乌瓦当的价值和意义不仅仅限于艺术层面，它还承载着极其重要的历史文化和意识形态的深刻内涵。

  在第33个国际博物馆日，这枚汉代金乌瓦当被万名网友评为北京博物馆十大镇馆之宝之一。与它齐名的有故宫博物院的清明上河图、国家博物馆的后母戊鼎、首都博物馆的班簋、保利艺术博物馆的神面卣、明十三陵博物馆的明神宗金冠等。以此为代表，古陶文明博物馆的"瓦当大观"抚瓦当琴，让观者览尽千年风光。

  封泥，可不仅仅是大家眼中的一块块泥疙瘩。封泥出现在纸张发明之前，那时候，人们通信往来会把信件写在竹简上，称为简牍。为防止信件在运送过程中被私启窃看，人们便将简牍捆好，以泥封在结绳处，并在泥上加盖玺印，以检奸萌。被打上玺印的泥团，就是封泥，被形象地称为"简牍之锁"。被"简牍之锁"封印的简牍和盖在泥块上的玺印，因为具备更高的价值会被人收藏，但最后绝大部分消散在历史的云烟里，只有"简牍之锁"本身，因无足轻重而被人随意丢弃，反而被大自然"收藏"而得以保存下来。它们虽然被岁月的冽风吹干吹透，被光阴的烟尘深掩于泥土之中，却像蛰虫一般，在历史的寒冬里长眠2200余年，用最简单、最直接、最朴素的方式，将曾经的文字、曾经的生活保留了下来。

  汉封泥易得，秦封泥难求。秦朝只存在了15年，它是中国历史上第一个统一的封建王朝,通过统一货币、统一度量衡、统一文字,对后世产生了巨大的影响。为了统一思想,秦朝"焚诗书,坑术士,六艺从此缺焉",留下来的历史文物非常有限。因此,秦封泥对研究秦朝历史、文化、艺术等方面,具有非常重要的文献意义。

古陶文明博物馆展出的"封泥绝响"主题系列,展示了秦汉封泥近200枚,涵盖了秦始皇三公九卿政治体制的各类属官,揭示了数十个失载的秦郡县、官苑名称,以及许多与秦始皇及秦代文明相关的、鲜为人知的政治、经济、文化、军事内容。业内专家称路东之收藏的秦封泥"是秦始皇批阅文书的遗物,是可以弥补《史记》《汉书》缺憾的珍贵文献,是统一的中国封建王朝第一部百官表和地理志,是中国百代政治体制的源头档案"。

古陶文明博物馆有战国秦汉时期封泥约2000枚,约是之前世界公认的收藏封泥数量最多的日本东京国立博物馆的封泥数量的3倍,其完好程度和研究价值也远超东京国立博物馆的封泥。

世界有时候会忘了历史,但这些岁月不经意留下的印记,这些不起眼的砖头瓦块,还保留着先人们走过的痕迹,吟唱着先人们诉说过的心曲。当数千年前的时光被映照在瓦当上,被盖印在封泥里，被揉捏在陶器中，古老的先民与现代的我们便有了某种精神上的联结，正所谓"道在瓦砾"。而古陶文明博物馆，就是这种呈现"道在瓦砾"的载体。

衔草筑巢的路东之

与文学编辑出身的马未都一样，路东之也曾经是个有为的文学青年。

1979年，年仅17岁的路东之进入首都刻字厂（现北京市印章艺术公司）工作。他自中学时代起就自学诗歌与书画，1981年师从欧阳中石先生学习书法，1982年师从萧劳先生学习写诗，后又向金寄水、马里千、孔凡章、刘毓煊等旧体诗坛诸家学习诗词曲赋。工作之余的时间，他都用来写作，并开始在文学界崭露头角。1985年，他的作品获"国际青年征文"报告文学一等奖；1986年，他的作品获"全国首届微型小说大赛"一等奖；1986年，他成为鲁迅文学院的学员；1987年，他获得去西北大学作家班进修的机会。

同现实中道路的转角不同，命运的转角往往会出现在谁也想象不到的时节与地方。

"丁卯之冬，余客长安读书，时逢西北大学校内施工，乃建图书馆大楼。从破土之日，余即以为土下当有物归于我属。

曾与人言之，皆笑妄语。因往返饭堂每日皆从工地南端侧过，余遂常持空碗入内寻索，流连几曾忘食。虽腑中空瘪，而痴心常在。同窗者见之，每嘲荒诞，红颜知已，亦说我枉付痴情。有怜我痴情者，竟往劝之。

"月余，百米工地已成深坑。掘出之土堆作黄丘，而并无一物得来。然余痴心不泯，流连依旧……"

路东之曾在日记中留下了这段他想起来就非常开心的记忆，也为他的收藏与后来举办博物馆留下了可供考证的资料。

在作家班进修的日子，路东之收获颇丰。他流连在西北大学的施工工地，收获了两个陶罐，一个瓦罐，数枚唐代莲花瓣瓦当，一座白陶佛塔，半截红陶釉塔，以及许多古器碎片。这些东西有些是他亲自翻捡到的，有些是他省下伙食费向工人购买的，还有一些是拿自己的随身衣物与工人换来的。那个时候，猪肉还不是家家都吃得起的，随身衣物也算是值钱的家当了。

后来衣服脏了，也没有可以换的，他天天穿得看上去像个拾荒的，但他还是无法停下探寻的脚步，一心扎在工地上。

作家班放假了，同学们都半年没有回家，个个归心似箭，宿舍里已空无一人。

他还是天天在工地里转，体力上差不多已到极限。

工地都快让他翻遍了，很难再翻出东西来了。囊中又羞涩，也没什么可以拿出去换的了。面对父母一遍遍催归的电报,他不得已购票回京。要不是硬留下了回京的路费,他就无法回家了。

去火车站的路上,他心神不宁,仿佛有什么东西在牵绊着他,在召唤他。似乎是上天刻意的安排,早早出门的他,居然因为几年难遇的大堵车错过了火车。那一刻,他的心都飞起来了,他毫不犹豫地换了车票就往学校赶。

正值午后,工人短暂休息,工地上空空荡荡。他在杂乱的工地里跟跟跄跄,却没有一刻停下探寻的脚步。

猛然踢到一块石头,石头上好像有字一晃而过。他的身体定住了,心里一下子亮堂起来。

"那一刻,我的内心感到一种超然的平静,我认定它才是我痴心寻找且命定属于我的通灵神物。"路东之曾不止一次向友人说。"有菩萨,不住色",石头上仅存的6个字,像一道完整的神谕。

读作家班的第二学期,路东之明确了自己的收藏方向,就是瓦当,他把一半的时间和精力都用在寻找瓦当上。

西安城的西北郊是一片广袤的平原。2000多年前,刘邦打败项羽,在这里兴建了他的国邦。曾经蜿蜒数千米的城垣,如今只是一道遍布秃坟野冢的荒凉土冈。大大小小几十个村落组成了汉城遗址的24寨。据说从清末开始,就时常有人来这一带收集古物,青年路东之也踏上了这片古老的土地,几乎跑遍了村村寨寨,把遇到的瓦当都求了来。

在收藏瓦当的过程中,路东之学会了用瓦当制作拓片的技艺,并亲手在瓦当拓片上写诗题跋。往往在寻找瓦当的过程中,他的心中诗句已成。在制作拓片的时候,跋语先至。拓片的墨迹未干,他已手痒难耐,迫不及待地挥笔题跋了。这些题了诗或跋语的拓片,也成为带有他浓厚个人特色的重要作品。

路东之希望那些精细制作的拓片和自己的题跋,可以把岁月的风华带给后人,希望自己的作品也可以这样千万年地流传下去。

也是在收藏瓦当的过程中,路东之被不起眼的封泥所吸引。

1987年,路东之在寻找瓦当时走到一个农民家里,见窗台上随意扔着十几个泥块,泥块上似有图案。他拿起来看,激动得连话都说不出来,对这些泥块产生了一种莫名的熟悉和亲切感,仿佛有一根隐形的绳子将他们拴在了一起。他与封泥被这根绳子牵着走向了彼此。

那时候,绝大多数中国人还在努力解决温饱问题,但收藏已经在一小拨有文物知识和历史常识的人群中掀起了一小股热潮。他们的目光主要聚焦在古玉、古画、古瓷、古家具上,因为这些非常有价值。

基本没有人看一眼封泥。封泥再有意义,也不过是一团烂泥。何况了解封泥意义的人也不多,市场流通的机会有限,因此收藏动力不足。可是路东之不一样,他的收藏从来不是看价格涨势,说他迂也好,说他是酸文人也好,他就是这样变不了。他像着了魔似的,认定封泥是考古探微、补遗证史和研究古代印学、文字与书法的最好资料,是一段历史最直接、最真实的见证,他认定封泥的文化价值要远远高于它的市场价格。于是,路东之用了整整8年的时间,沿着那根看不见的绳子,奔向那些珍贵的封泥。如果不是路东之的慧眼和不惜代价地保护和收藏秦封泥,那么这批弥足珍贵的重要文献早已被小商贩分销散卖,重新被湮没于历史的角落,甚至可能被无知者化为碎泥了。

路东之的问陶之旅也充满艰辛。20世纪80年代末,路东之踏入河北临漳的邺城遗址。他惊奇地发现,漳河流经的邺城遗址河段内,还有被河水冲刷露出古城遗址的残垣断壁,遍地散落着形态各异的砖瓦、陶器碎片,其中不乏文字铭记的砖瓦陶器。在那些偏僻的村落里,还有成堆的千年砖瓦、异形纹饰陶制品、各种陶质老物件等稀世珍品。他如痴如醉,从此无数次踏入其中,有时候甚至化身收破烂的,在邺城遗址周围走村串户,在田间地头、农家院落,一件一件去收集那些濒临消失的古老物件。

他不但收藏了大量古陶遗品,还通过深入研究陶器上的文字符号,成为该领域的专家。"据科学考古证明,华夏先民留在陶片上的刻画符号是汉文字的始祖。或者说，陶文只是一些简单的符号，其后功能与品类渐多，以战国秦汉魏晋南北朝为盛。我收藏古陶文逾千件，尤以古邺城遗址出土魏晋十六国陶文为存世收藏之最。"路东之曾经自豪地说。

经过多年的努力，路东之从甘肃、青海、宁夏各地，集齐了马家窑文化、齐家文化、辛店文化的丰厚成果。这些新石器时代晚期到西周晚期的灿烂文明，又在他的手中重绽光华。它们就像由岁月制作的一幕幕无声老电影，呈现着那时的故事，那时的审美，那时的思想。

创立一家民办博物馆，是路东之为自己的收藏事业找到的一条最为光明的路，为此，他欣喜若狂。他终于可以让这些蕴藏深厚文化价值的宝贵文物，有了展示和诉说的机会，也终于让自己拥有了一个可以全身心投入学习与研究的场所。

此后，路东之每年都推出相关研究著作和专题展览。1998年，他完成《路东之梦斋秦封泥留真》原拓本80部，应邀访日作封泥专题演讲，并在东京、大阪等地进行多场次学术、艺术交流活动。1999年，他制作完成《路东之梦斋藏甲骨文》原拓本60部。2000年，举办"文字的美奥——古陶文明博物馆开馆三周年特展"。2001年，他为《中国文物报》《文物天地》撰写"梦斋杂语"等专栏，制作完成《古陶文明博物馆藏砖》原拓本80部，发现战国封泥并全力收藏保护和整理。

2002年,他与周晓陆教授合作"新蔡战国封泥研究"课题,共同组织遗址考察并联名发表《发现原始封泥》等系列文章。2003年,他制作完成《古陶文明博物馆藏战国封泥》原拓本60部。2004年,他提出"古陶文明坐标系"理论,主持"古陶文明坐标系工程"基础工作。2007年,他举办"古陶文明展——古陶文明博物馆开馆十周年纪念展"。2008年,他出版《问陶之旅——古陶文明博物馆藏品掇英》。

这是一条多么幸福的道路,路东之如赶路的旅人,向着家的方向,一路奔赴光明。可是当岁月在时间里沉浮,人却难免在追求永恒与绚烂的生命过程中遭遇无常。

路东之走得猝不及防。那些时候,为了给捉襟见肘的古陶文明博物馆筹措房租等费用,他时常到位于郊区的工作室创作书画作品,经常一忙就是一整天。2011年10月24日下午4时许,他正在工作室创作,突如其来的心脏病,几分钟不到,让他没能等来救护车就挥别了人间,年仅49岁。

路东之在文物考古、文学创作、书画篆拓等诸多方面都有极深的造诣,成就最大的当属举办古陶文明博物馆,但真正让他得以养家糊口的,却是书画作品。他一手草书写得出神入化,那时候他夸下海口,就用手中的笔来养活他倾尽全力举办的古陶文明博物馆。

彼时,成立十多年的古陶文明博物馆虽然展览丰富多样,已经得到业内和社会的高度认可，但从经济收益的角度看，却远没有摆脱贫穷的困扰。博物馆毕竟是一个庞大的机构，"一砖一瓦"都是要靠钱来堆砌的，每天一睁眼，就是房租水电，所有这一切都像吸水的海绵，永远也难有饱和的时候。路东之像沙漠中一匹前行的骆驼，忍饥耐渴，负重前行。他算是有本事的，还能以书画养馆。

路东之不是商人，只是一个普通的文人。就算收藏界已经认可他的藏品价值连城，别人出价再高，他也舍不得卖掉一个。于他而言，没有人比他更懂这些不起眼的泥土坷垃，没有人能够像他一样顾它们周全。他就像筑巢的雨燕，一心一意，一砖一瓦地建造他的理想王国，呕心沥血也在所不惜。他哪里是以书画养馆，分明是以血、以命养着这家博物馆。

"谁似我神癫貌癫，肯踏破南山北山，收藏起秦砖汉瓦。负十载猛志青春，开陶馆千难万难。乐未央闲观慢观，最钟爱泥团瓦团。新世纪远路迢迢，怎禁得梦绕魂牵。"这是路东之从前写下的词句，他用一曲因为难填所以少有人写的《南越调·黑麻令》，表达了自己在收藏这条路上孤绝的雄心。

身为玫瑰也铿锵的董瑞

路东之离开的那一年，我见到的董瑞满脸憔悴和迷茫。她像没了主心骨一样失神无措。路东之给她留下了两个未成年的儿子，留下了一家每年少说也得支出四五十万元的机构。从前，在博物馆里，她做些从属性的工作就可以了，但随着路东之的离去，她无处可躲，沉重的担子全部压在了她的肩上。

正如路东之的好朋友马未都先生所言，在文物面前，人是过客。在路东之之后，董瑞成为这段收藏故事的后继者。12年为一纪，一晃路东之已经离开了漫长的一纪。董瑞在这些无人陪伴的时光里做了些什么呢？

2015年，董瑞在中国园林博物馆举办了"道在瓦砾——一个博物馆人的逐梦旅程"展览，同时配合展览主持召开具有国际影响力的"民办博物馆可持续发展"论坛，编纂论坛宣传册及展览图录。

2016年，董瑞主持策划"凝固的时光——古陶文明博物馆精品砖展"，主持召开国内第一个关于古代画像故事砖纹的学术论坛，并编纂展览图录。其后，陆续策划并于西周燕都遗址博物馆、涿州博物馆、秦皇岛玻璃博物馆、宣南文化博物馆、历代帝王庙博物馆举办了"瓦塑屋瓴·当承文明""孝行天下——二十四孝文化发展和现实意义"等展览。

2019年她在澳门举办"永受嘉福"瓦当及题拓展。

2022年6月，在古陶文明博物馆开馆25周年之际，她主持策划"唤醒沉睡的藏品——馆藏西亚南亚文物展"。这一年,她以一系列奖项向路东之,向路东之的藏品,向这个世界,交了一份出色的答卷:获得"2022年度北京地区博物馆优秀教育案例"评选优秀教育活动奖;获得"2022年度北京市博物馆优秀展览"评选特别奖;"最中国瓦当系列文创衍生品"被北京市文物局评为三等奖。

2023年8月,她主持策划"微刻奇观——馆藏汉代骨签展"。

除此之外,她还携古陶文明博物馆与北京大学、清华大学、北京师范大学、首都师范大学、中央民族大学、西北大学、中国社会科学院、日本早稻田大学等国内外重点院校、学术机构建立了良好的学术合作关系,与北京建筑大学建立了共建关系,并为多所高校、博物馆的秦汉史、文献学、考古学、封泥研究的专家学者提供相关专业文献资料。

董瑞本以为随着路东之的离世,她会经历后半生的潮湿。没想到,她竟然听从路东之的呼唤,一步一个脚印地成了一名博物馆专业管理人员和策展人,成为古陶领域的专家。如今,当我再次对上董瑞的目光时,我发现,她从前的躲闪和迷茫已经不复存在了,那些坚定而执着的闪烁,哪里还是借光的月华,她把自己变成了一轮拥有无限光明和能量的太阳。

看,世界熙熙攘攘,沧海早已变成桑田,而人心的坚守,还是从前的样子。

携手画春秋：何扬吴茜现代绘画馆

"长廊上苑东风里，寂寂无声对画屏。"无数个寂静的夜晚，在何扬吴茜现代绘画馆里，一位孤独的老人便如诗句中一样，与满厅的画作沉默交谈。

中国画强调笔墨的运用，追求意境与神韵，经过数千年的发展，形成了一套完整的艺术体系。它题材广泛，包括人物、山水、花鸟等，每个题材都有着独特的表现手法和审美要求。在技法上也是多样的，包括工笔、写意和没骨等，每种技法也都有其特定的表现力和审美特点。

绘画馆的创始人何扬、吴茜都是艺术家，自幼习画，深谙中国传统绘画的底蕴。

何扬自号隐京瓦庐狂人，1942年出生于北京，1962年毕业于北京市工艺美术学校（现北京工业大学艺术设计学院），是北京市美术家协会会员。何扬少年时代在北京市少年宫学画，15岁在北京和平书店初次展卖画作，1978年后开始从事绘画创作和教学工作，曾在中央工艺美术学院附中任教。他擅长传统绘画，以花鸟画见长，兼画人物、山水及指画。他在艺术上开创"新主题主义画派"，将西方绘画的创造意识与中国传统技法相融合，表达中国几千年来的道德、思想、历史和民间传说等深层次的文化内涵，作品色彩浓烈、丰富，造型夸张，努力探索中西结合的现代艺术形式。其作品《摩梭人的温泉》曾获中国民俗画大奖赛一等奖。

吴茜1943年生人，出身于苏州书香门第，族人之中有吴湖帆这样的艺术大家。8岁时，吴茜随父来京生活，受家学影响，开始自学书法和绘画。热爱加用功，让吴茜的艺术天分得到了充分的发挥。18岁从北京市工艺美术学校毕业后，她被分配到北京市第二轻工业局所属的装潢设计研究室，从事专门的设计工作。从此，她开始遍访名师，先后师从李苦禅、叶浅予、黄胄、李可染、崔子范等人学习传统中国画。1978年，她正式调入北京画院任专职画家，后成为中国美术家协会会员。吴茜主张继承传统绘画技艺的同时创新自己的独特风格，创作风格淡雅、恬静、色彩朦胧，不拘泥于具象，与何扬的风格大相径庭。她是超写实中国画流派创始人，被业界公认为新水墨派代表画家。吴茜创作于1989年的现代水墨画《夜色》，在68个国家、1600位艺术家的8400幅作品中脱颖而出，成为217幅入选作品之一，作为唯一的亚洲艺术家的作品，在摩纳哥第二十三届蒙特卡罗国际现代艺术大奖赛中正式展出。

何扬、吴茜夫妇俩，均接受了传统绘画的教育，有着深厚的中国传统水墨画底蕴，却在创作中习古而不泥古，不断地尝试突破，努力创新，都走出了一条独具个性的创作道路。

1994年，何扬、吴茜夫妇二人以艺术家的身份，受邀访问德国并举办画展。他们带着对世界的好奇，深入考察了柏林、波恩、科隆等城市的博物馆和美术馆。在那些陌生的城市里，他们看到私人博物馆比比皆是，参观的人络绎不绝，大家都对展示的作品有着独到的见解。从穿着打扮与气质上，他们也感受到那里的人们有着较高的审美品位。

而彼时国内的博物馆数量极为有限，特别是民办博物馆、民办美术馆完全是空白。绝大多数人的审美感觉都处于蒙昧的状态，更谈不上有什么艺术修养。这与有着几千年历史底蕴的文化古国极不相称。并且，由于我国的传统书画作品在国际上鲜有亮相，基本没有什么影响力。强烈的民族自尊心和对传统艺术的自信心，让夫妇二人极受触动，他们萌发了举办书画类民办博物馆的想法。他们希望借鉴中西方艺术之所长，摆脱传统的影响和学院流派的束缚，开创独属于自己的艺术流派，让世界看到中国书画艺术的真正魅力。

从德国回来后不久，何扬、吴茜夫妇二人便开始筹备举办私人博物馆。1996年，经北京市文物局资格审核小组审定，何扬吴茜现代绘画馆成立。

1997年2月1日，何扬吴茜现代绘画馆在东城区豆瓣胡同25号正式开放。这是一个典型的老北京四合院，占地面积有400多平方米，私宅独院，何扬十多岁时就已经住在这里了。他把其中的6间瓦房，约100平方米用作展室，建成民居式小型博物馆。在这里，夫妇二人将代表自己艺术水平的重要作品一一展出，充分展现了中国绘画作品的深层文化内涵与审美情趣。

很多国际友人带着对古老东方艺术的好奇，慕名来到这家书画博物馆，就中国传统绘画与现代艺术的特色相融合，同何扬、吴茜交流，也通过何扬、吴茜的绘画作品，了解了中国的历史、文化和思想。同时，何扬、吴茜还在这座小院里，为一些国外艺术家举办公益画展，将国外优秀的书画艺术介绍到国内。小小的四合院，常常高朋满座，胜友如云，大家游览参观，也挥毫泼墨，中西方文化交流，如从前的曲水流觞荡漾着清波。

2001年8月，何扬吴茜现代绘画馆在北京市民政局登记为民办非企业单位。同年10月，以展示著名大写意画家贾浩义作品的老甲艺术馆紧随其后，也在北京市民政局登记为民办非企业单位。两者的业务主管单位都是北京市文物局。

自2006年起，以书画艺术作为展览主要内容的美术馆类民办非企业单位，业务主管单位由北京市文物局变为北京市文化和旅游局，不再被当作博物馆进行登记。

这一度让我有了一种片面的认识，即从严格意义上讲，何扬吴茜现代绘画馆算不上真正意义上的博物馆，其展出的仅仅是何扬与吴茜的现代绘画艺术作品，称其为美术馆、艺术馆更为贴切。不过，研究了一辈子博物馆的刘超英理事长告诉我，美术馆也是博物馆的一种。自古以来，书画作品的收藏，与其他品类的文物收藏并无二致，甚至是文物收藏尤为重要的内容之一。而以书画作品作为主要收藏展示内容的博物馆，无论国内与国外，都是相当普遍的现象，中国美术馆、法国卢浮宫、美国大都会艺术博物馆，都既是美术馆，同时也是世界范围内享誉盛名的博物馆。何扬老师也称，美术馆在西方被认为是"博物馆王冠上的宝石"。书画作品的创作注重社会思想及绘画语言的表达，反映的是历史遗留的痕迹，时代发展的脉搏。从这个角度讲，美术馆与其他品类的博物馆几乎没有任何区别。

北京市文物局对博物馆的解释也为我解了惑：成立博物馆与成立美术馆有着不同的标准和要求，如博物馆对藏品的数量、场馆设施条件等都有具体的要求，只有具备成立博物馆的条件，并依据法律规定在北京市文物局进行过备案和通过审批的民办场馆，才能被认定为民办博物馆。

这些视角给了我极大的启发。在我国社会管理的发展过程中，无论从管理者的角度，还是从大众所认可的视角，对博物馆与美术馆进行更为细致的划分以及分类别管理，是具有中国特色的一种做法。

何扬吴茜现代绘画馆是中华人民共和国成立后的第一批民办博物馆之一，也是第一家民办美术馆，无论从哪个角度讲，都是中国民办博物馆、美术馆发展历史上重要的一环。何扬吴茜现代绘画馆通过为传统绘画赋予现代艺术元素的方式，将中国传统绘画以外国人读得懂的方式推广出去，对宣传中国文化做出了重要的贡献。

2001年，因为豆瓣胡同拆迁，何扬、吴茜在朝阳区金盏乡长店村长租了2亩地，用于新馆舍的建设。

为组织全市民办博物馆公益开放的政府购买项目，2009年我进行实地走访，第一次去长店村的何扬吴茜现代绘画馆。吴茜老师当时不在场，何扬老师和助理接待了我。何扬老师热情地带我参观一个又一个展厅，详细介绍每一幅作品。听完何老师的一番讲解后，我对中国传统水墨画有了全新的认识。

两位老师的重要作品，很多都已被国内外藏家或机构收藏，但他们都将原作进行了复画，让参观者可以在展厅中近距离观摩和感受水墨艺术所带来的震撼。如何扬吴茜现代绘画馆的镇馆之宝之一——《牛街礼拜寺大殿》，其原作创作于2005年，其金碧辉煌的内景在中国传统绘画里罕有见到，是何扬开创超写实中国画风的重要作品，已经被北京画院收藏。2014年，已经72岁高龄的何扬老师，又利用半年的时间复画此画，画幅更大。

绘画馆里的每一幅作品都是两位老师的呕心之作。吴茜老师用浓淡干湿的墨色画的两只游栖于荷叶间的天鹅，明明没有画眼睛，却让观者感受到黑天鹅似乎目光炯炯地注视着天与地的相交，水与光的相融。何扬、吴茜首次合作的超写实中国画《海德堡古堡》，用精细的绘画技法以及墨色表达，在中国的宣纸之上，再现了建于12世纪哥特式、巴洛克式及文艺复兴三种建筑风格混合一体的德国海德堡古堡。

绘画馆包括7个展厅，共计500平方米，展出180幅何扬、吴茜的书画作品。这些作品在题材上反映了社会的发展历程，也反映了艺术家看待世界不断深化的视角，同时也可以看出艺术家的艺术思想和艺术技法日臻成熟，让参观者不由自主地迈进艺术的花园。我流连其间，几近忘我。

与此同时，我也能感受到一位年近七旬的老人内心深处的失落。长店村地处偏远，交通不便，加之书画艺术是比较小众的艺术，所以日常的客流量并不大。人们常说艺术是孤独的，但同时艺术也是需要共鸣的。那一天，我看到了何扬老师的孤独，以及对可以读懂他艺术的人的期盼。

我第二次去绘画馆，是带着北京广播电台网络台的《北京印象》节目摄制组前去拍摄。我想为民办博物馆做一些有益的宣传。何扬老师精神抖擞盛装出镜，拍摄了整整一天，70岁高龄的他，全程没有一丝倦意。

我第三次去绘画馆，是参加绘画馆组织的一次公益笔会。何扬老师诚恳地请我带一些文艺界朋友参加，那天，我带着对书画艺术感兴趣的十余位艺术家来到场馆。夫妇二人热情地向前来参加活动的30多位宾客介绍展品，现场铺墨挥毫书写书法作品，以书会友。

那个时候，北京今日美术馆、北京元典美术馆、北京时代美术馆、北京中间美术馆、北京民生现代美术馆等多家民办美术馆都已先后成立。每个馆的背后都有强大的财力支持，并以各自独特的展览定位吸引了一定数量的拥趸，引领着民办美术馆的潮流。何扬吴茜现代绘画馆在经济实力上不占优势，也不像其他美术馆一样时常换展，无疑很难吸引本就小众的书画爱好者反复前来参观。

我看到的，便是两位从前立于潮头的弄潮儿，意气风发的艺术家，如今在自己打造的艺术世界里，在孤独的精神高地坚守着心底的信念，追逐着心中的理想。

后来绘画馆所在的长店村整村拆迁，何扬为了保住绘画馆成了"钉子户"，被断水断电多时。现在，周边均已搬迁，绘画馆因周围新建，地势变得更低，一下雨，雨水就往馆里流，把绘画馆淹成池沼。即便如此，何扬吴茜现代绘画馆依然挂着老招牌，守在老地方，以不变的诚意，等待着懂的人前来。

现在，夫妇俩都已经是80多岁的高龄。他们同一般老人无异，身体衰老，疾病缠身，生活圈子越来越小。他们又同一般老人不一样，艺术的火把始终在熊熊燃烧，让他们永远心中有亮，眼里有光。

吴茜因为身体的原因，无法经常来绘画馆里。何扬则是一天也没有离开过。他像一棵青松，于岁月的严冬里努力保持着生命的绿意。

从民办博物馆的发展角度来看，这不是一个良性的模式。因为只有像观复博物馆那样，有经验丰富的管理团队，有生机勃勃的年轻人加入，有与社会发展相洽的运转模式，才能够确保博物馆的永续发展。何扬吴茜现代绘画馆完全依靠艺术家个人的精神意志，而个体的生命活力毕竟有限。如果艺术家不再有能力坚守，还有谁能替代他们吗？

金石振馀音：北京遗箧堂金石碑帖博物馆

北京遗箧堂金石碑帖博物馆的生命像烟花一般短暂地绚烂，之后便归于沉寂，再无踪迹。

北京遗箧堂金石碑帖博物馆创始人王钧出身于金石学研究世家，自祖父那代起就研究金石学，一家三代收藏碑帖拓片，藏品丰富。当时在某事业单位任职的王钧，收藏的碑帖和金石拓本达几千种，具备了收藏的系列性和全面性。当他提出举办博物馆的申请时，刘超英毫不犹豫就批准了。他们都想借北京遗箧堂金石碑帖博物馆之力，通过这些"记往知来"

的重要载体,使人们进一步了解中国博大精深的金石碑帖艺术,推动金石学研究。

遗憾的是,在2001年,根据市编办与市民政局的要求,曾被颁发了事业单位法人证书的北京遗箴堂金石碑帖博物馆,需要从"公益性民营事业单位"登记为"民办非企业单位"时,它没有进行注册登记。如今,官方的记录、网上,都鲜有关于北京遗箴堂金石碑帖博物馆的内容。它的生命如断流之水,无声无息地留在了2001年。

由公益性民营事业单位法人变成民办非企业单位法人,意味着要放弃原来的事业单位编制,身份的转变的确有些大,因为社会组织与事业单位之间,还是有着较大差别的。并且,从另一个角度来看,大众对私人举办的博物馆还停留在"私人博物馆"的认识阶段,变成"民办博物馆",则是颠覆性的变化。这完全是两个不同的概念。"私人博物馆",从名称上可以看出是指由个体举办的博物馆,归私人所有。而"民办博物馆",根据《民办非企业单位登记管理暂行条例》的规定,则是一个社会组织,其资产不再归某个人所有,而是社会公益资产。

是不是这些原因让王钧放弃了北京遗箴堂金石碑帖博物馆的未来呢?我带着这个疑问,走访了一些可能知情的人。

我首先采访了曾对第一批成立的4家民办博物馆做过深入

报道的《北京晚报》资深记者刘一达。他说这些因素固然重要，但还有两个原因也是有可能的。

一是举办者年龄大了，或是财力有限，开创新事业力不从心。王钧与何扬吴茜现代绘画馆的举办人何扬、吴茜的年龄相差不多，都是20世纪40年代初生人，到2001年已经是60岁左右的退休人员了。如果没有其他财力支持，仅靠退休金养活一家民办博物馆，是一件想起来都困难的事。或许是那几年举办博物馆的试水，令王钧认识到运营博物馆的艰难，所以他知难而退了。

二是当时社会上发生了一起恶性事件，在很多艺术家、收藏家心中引起不小的震动。一位知名画家因为露富，在自己的工作室遇害，凶手是裱画师，抢劫了画家陈列在工作室的一些价值不菲的书画作品。中国人历来讲究财不外露，就是害怕被人惦记，所以自古以来中国的收藏家都是私藏，顶多在小范围里进行交流和雅赏。而博物馆的对外开放，无疑要把自己的收藏财富全部展现给人看。在那个时期，这样做的确需要极大的勇气、魄力和能力，否则"没有金刚钻"，最好还是"别揽瓷器活"。王钧也许是被吓到了。

刘超英则认为更大的可能是王钧的住宅发生了变化。2000年前后，王钧用于博物馆的私宅被拆迁，他没有能力购置新场所供博物馆使用，或是购置新场所的动力不足，所以他才没有继续下去。

后来，我采访高博达会长的时候，偶然得知他是王钧的学生。他提出了他的看法，与刘一达的第一个推断比较一致，认为就是王钧个人的财力无法支撑博物馆运营，审时度势而选择了放弃。

高博达会长帮我联系到了王钧老师。遗憾的是，由于年龄较大，需要卧床，王钧老师并没有接受我的当面采访，他只是在电话中向我讲述了真实原因。大家的猜测都没有错，王钧老师表示，他不过是工薪阶层，根本无力运营一家博物馆，并且后来民办博物馆有了规范化管理，对场地面积有要求，他的财力不可能达到这个条件，所以，虽然取得了市文物局的备案和市编办的登记，他却没有力量把博物馆真正建起来，让它正式向社会开放。

从民办博物馆之后的发展历程看，王钧老师的选择未尝不是一种明智之举。如果没有较为丰厚的财力，没有强大的市场运作能力，没有健康的身体，没有坚定执着的信念，是无法运营好一家博物馆的。

我不禁想到了那些珍贵的藏品，它们还在吗？在哪里？它们是被尘封了，还是已经散失？它们还有没有机会在世间出现，会以什么样的姿态出现？我真的不希望它们就像一段人类踏响的足音，当脚步停止，当不再有人提及，便如云烟一般消散在风里。

王钧老师告诉我，藏品由个人保留，的确得不到有效的保护。近10年来，由于楼上住户装修，他收藏的那些纸制的文物已经遭遇了两次"大劫"。两次都是被淹，第一次毁损了100多件，第二次毁损了500多件。懂得收藏的人可以想象，年迈体弱的王钧老师在心灵上遭受了怎样的重创。从中也可以看出，相比个人，具备一定规模与符合一定标准的民办博物馆，更有利于保护文物。

有人说，第一批成立的4家民办博物馆不同的走势，在一定意义上代表了所有民办博物馆无法预知的命运。也许是吧。它们就像四季里的花开花落，有的春花般在乍暖还寒的天气里拼尽全力，有的生如夏花迎着暖阳灿烂开放，有的秋花一样在猎猎秋风里等待凋落，有的则如冬日里的雪花，无声无息，悄然消失。

若把我国的民办博物馆事业比作波澜壮阔的黄河，那么4家最早成立的民办博物馆便如黄河的源头，它们流量很小，也有干涸，却以不停歇的脚步和倔强的拼搏，奔腾出后面的如画江山。它们努力的姿态，超凡的力量，决定了前方，也拥有了远方。

第三章
沐光而行

每一位热爱民办博物馆事业的人,都使出了浑身解数,不畏艰难,不知疲倦,带着对事业、对生活无限的热爱,带着常人无法达到的执着与痴迷,努力把博物馆做到更好。

3000多年的历史,六朝都城的建设,几十代天子的坐镇,令燕山脚下的这片土地,拥有深厚的文化背景和凶重的人文基础,也让北京的博物馆建设具备了独一无二的条件。其中,故宫博物院、国家博物馆等国有博物馆代表着世界一流博物馆的水平,吸引着全国乃至全世界人们的目光。当北京民办博物馆在摸索中启程之后,如何在国有博物馆耀眼的光芒中争得一线阳光,让更多的人看到在国有博物馆中看不到的展览,成了所有北京民办博物馆人共同努力的目标。

对于2001~2010年成立的第一梯队的北京民办博物馆而言,几乎每一家场馆都有一位领头人,其中陈丽华、姚远利、李松堂都是40后,最年轻的路东之是1962年生人。他们都是从艰苦岁月里走过来的人,具有吃苦耐劳的精神,也有着为了理想奋不顾身的信念,所以他们才能以一种完美主义的姿态,倾尽全力建设博物馆,才能在博物馆遇到困难的时候不畏艰难,咬着牙坚持。他们就像一块块炉中炭,以身燃烧,烧沸博物馆火炉上的那壶岁月之水。

这一阶段的民办博物馆开始发展的时候,正是人们还不习惯参观博物馆，不认可民办博物馆作用的时候，这些民办博物馆以各自独特的展品和展览风格，吸引着大家的目光。这批民办博物馆至今仍是全北京乃至全国范围内做得非常出色的，有些在参观体验上甚至可以媲美国有博物馆。

幽花凝紫檀：北京中国紫檀博物馆

每次到北京中国紫檀博物馆，都会有看不够的感觉。作为一家民办博物馆，北京中国紫檀博物馆不但展览体量具备相当的规模，其通过展览所要表达的文化内涵也是非常丰富的。作为个体来说，展览面积大，所传达出来的内涵太多，人的接受能力有限，很难一次全部吸纳。但只要用心去参观，不管是从学习的角度切入，还是从体验的视角感受，每一次都会有非常大的收获。

完美的仿古艺术品

初次来参观的人，一定会被一种传统的力量，文化的力量，特别是北京中国紫檀博物馆摄人心魄的力量所征服。

北京中国紫檀博物馆位于京通快速路高碑店出口的北侧，总占地2.5万平方米，整体建筑为明清宫殿式工艺风格，宏大雄伟，是馆长陈丽华投资逾2亿元兴建的。

馆前广场有1000平方米的海墁斗板地面，采用大青砖铺设后浸润桐油的传统施工工艺，美观自不必说，也便于下雨时及时排水。此外，桐油浸透于青砖的细孔里，能增加青砖的密实性和抗压强度，对青砖起到保护的作用。

博物馆的主体建筑使用磨砖对缝工艺，这是古代筑墙最高等级的工艺之一。不同于在砖与砖之间铺设水泥的工艺，这种工艺是将毛砖砍磨成边直角正的长方形，在砌筑成墙时，先将砖严丝合缝地码好，再在砖细微的缝隙之间浇灌煮好的白灰浆和江米汁，最后的效果就是整个墙面光滑平整，墙体固若金汤。过去，一般重要的宫殿、城墙和坛庙才会采用这种工艺，故宫的城墙就是这种工艺砌成的。就其建筑本身来说，北京中国紫檀博物馆足以称得上是一件完美的仿古艺术品。

场馆的正门为纯木结构，使用的木料有400多立方米，支撑大门的4根柱子高8米、直径0.6米。无论是规模还是材质，北京中国紫檀博物馆在北京的仿古建筑中都属罕见。

展览面积共有9569平方米。展览有八大主题，分别是乾清日照、黄花明月、紫云清风、金丝绝唱、乌衣门第、屏风清影、古建余晖、匠意玲珑，分布在13个展厅。展厅包括架子床展厅、嵌螺钿家具展厅、清式正厅、黄花梨家具展厅、明式正厅、乌木家具展厅、金丝楠家具展厅、宣传展厅、檀雕展厅、原木展厅、文创展厅、养心殿展厅和喜房文化展厅。这些展厅全方位地展示了中国宫廷木作文化。

一楼有架子床展厅、嵌螺钿家具展厅和清式正厅3个主题展厅，还有故宫的角楼、万春亭、千秋亭3个紫檀雕微缩古建模型。在一楼主厅中迎接八方来客的是一个龙纹屏风宝座。它依照故宫乾清宫的原件复制而成，通体红木贴金，富丽堂皇。它以一种气定神闲的气质安静地立在那里，分明是接纳的状态，却又自带霸王之气，拒绝着普通人的靠近。这是一种奇妙的对抗，在接纳与拒绝之间，吸引着普通人的好奇，让人欲罢不能。在它的正对面，是金丝楠木通体贴金的雕云龙纹顶竖柜，仿照故宫太和殿所存原件紫檀雕云龙纹顶竖柜制作而成。黄金自古是权力的象征，耀眼的金色彰显尊贵的地位。这些展品仿自皇家器物，虽为仿件，却也气势宏伟，彰显了北京中国紫檀博物馆的魅力与气派。

二楼的展厅重点是以木为载体，将故宫养心殿后殿的场景搬到参观者的眼前。养心殿位于紫禁城内西侧，从清雍正皇帝开始，就是历代皇帝处理政务和日常起居的处所。养心殿后殿是皇帝的寝宫，共有5间。展厅展示的就是养心殿寝宫内陈设的基本组合。参观者可以进入其中，近距离感受清代宫廷文化。此外，这一层还有传统书房、传统喜房、明式正厅和乌木家具展厅。

三楼有檀雕展厅、金丝楠家具展厅，以及紫檀及阴沉木制永定门、紫檀雕"清明上河图"插图、紫檀雕四合院等重要展品。其中紫檀雕四合院，包括按1∶8比例缩制的王府四合院和按1∶5比例缩制的民宅四合院。展厅里的紫檀木微缩模型，在规制上完全是真正三进四合院的建筑格局，四合院大门口的门墩儿、房顶上的瓦片、影壁正中的文字、窗棂上的纹样，都雕刻得与实物一模一样。通过这个模型，参观者可以一下子了解到四合院独特的建筑风格，老舍、林海音、张恨水笔下那热气腾腾的四合院仿佛来到眼前。

五楼展示了2013年12月星云大师来博物馆时留下的一笔字书法展，以及按1∶10比例缩制的、重达10吨的紫檀雕天坛祈年殿。

在北京中国紫檀博物馆的展厅里，除紫檀雕天坛祈年殿之外，还有天安门城楼、龙泉寺的牌坊、故宫角楼、御花园里的万春亭和千秋亭等，都以紫檀木为载体，整体结构均以原建筑为标准，按比例微缩，再现了这些代表中国最高技术水平建筑的格局和风骨。

北京中国紫檀博物馆的展品有两大特色：一是几乎所有家具都是故宫内清廷皇家家具的仿制品；二是大半展品是老北京著名建筑的木作模型。入眼皆是震撼，因为每一件展品都是重量级的，不仅仅是木器家具的展示，更是整个中华传统木作文化的表达。其规模之庞大，所承载的文化内涵之深奥，只有身临其境，才会有切身的感受。可能接收到的信息是一种无声的表达，所感却是内心有了不同寻常的声响。

在中国传承有序的文物里，青铜器、铁器、瓷器、玉器、金器等都不计其数，而木器除了部分小件器物以漆器的方式留存下来，少有木作家具的留存，明以前的木作家具基本已难见踪影。然而，木器制作技艺这种非物质文化遗产，却在北京中国紫檀博物馆的研究、展示与恢复下，有了更多传承的可能。

人们想到博物馆，就会联想到玻璃罩下、隔离带内的旧物，其实现在很多博物馆都已经走出了这个传统局限。为了让大家可以足不出户，近距离地"接触"博物馆，也为了更好地留存博物馆展览展陈中珍贵完整的历史资料，北京中国紫檀博物馆利用现代网络技术，开发更贴近现代社会的展览形式，打造了360度全景VR博物馆，让参观者可以通过北京中国紫檀博物馆微信公众号的VR观展，在网络另一端进入展厅，身临其境、细致入微地观察馆陈品，感受中国木作文化的巨大魅力。

为了落实党的文化强国建设战略部署，全力配合推进北京"博物馆之城"建设，北京中国紫檀博物馆还大力推动博物馆的数字化建设。2023年10月24日，博物馆正式上线了第一期博物馆数字展馆小程序。通过智慧服务体系，将扫码讲解、电子导览、票务预约、活动报名、文创商城、馆内动态等多种功能集成在一起，打破时间与空间的限制，实现让更多人云逛博物馆的目的，进一步提升了参观者的参观体验。

继承、发展、创新，是北京中国紫檀博物馆的办馆理念。作为中国首家集收藏研究、陈列展示紫檀艺术，鉴赏中国传统皇家家具的专题类民办博物馆，它填补了中国博物馆界的一项空白。它多次被北京市民政局评为北京市5A级社会组织，2004年被评为国家4A级旅游单位，2012年被北京市政府定为北京市非物质文化遗产生产性保护示范基地，2018年被认定为北京市朝阳区传统文化传承基地，2021年入选北京市文化旅游传统文化体验基地。

2023年秋，在一个银杏叶飘飞的日子，我再一次来到北京中国紫檀博物馆。这一天来参观的人特别多，每一层都聚集着好几拨人，参观者在导游的讲解下认真观看，人群中不时发出由衷的赞叹或惊呼。一问才知，这是北京中国紫檀博物馆的免费开放日，原来每月的第一个星期六，是这家博物馆的公益开放时间。

漫步北京中国紫檀博物馆，有一种木本水源的血脉认同感油然而生。中华民族传承千载的工艺绝技和艺术审美，带着一种神秘的能量与我们血液深处的某种物质有力撞击，共振出一种心灵的震颤。这是文化的力量，它看不见、摸不着，却能让人实实在在地感知到。我猜，这就是举办博物馆的真正意义之所在。

传承传统木作技艺

记得我第一次到北京中国紫檀博物馆参观，就一下子被充满宏大叙事的展览和其皇家气派震撼到了，但是因为观展一圈就已经很累，根本顾不上细细消化更多内容。第二次来，我忽然发现展现在我眼前的，不仅仅是夺人眼球的皇家家具和著名建筑模型，更是木作文化无声的表达。这让我心里萌发了一种以前没有过的兴趣。回家后，我买了知名文史学家、文物收藏家、鉴定家王世襄先生编著的《明式家具珍赏》《明式家具研究》《明式家具萃珍》，几乎是一个字一个字、一幅图一幅图地去了解明式家具的特点和各种构造与构件，去了解明式家具与清式家具的区别。了解之后，我更渴望见到实物。再来北京中国紫檀博物馆，我便开始更细致地观察木作构造和特点，也有了更深的体会。

我到北京中国紫檀博物馆观展不下 10 次了。每一次都像翻开一本爱不释手的旧书，又看到了从前没有体悟到的内容。

我被紫檀雕刻技艺所征服。

紫檀也叫小叶紫檀，学名叫檀香紫檀，名字来源于晋朝《古今注》:"紫檀木,出扶南,色紫,亦谓之紫檀。"最早是在印度热带森林和岛屿上发现的。其木质坚硬且致密,在所有高档硬木中最为受刀耐凿,经得起细剔精镂,是最佳的雕刻木材。明清宫廷家具就采用了中国传统的紫檀雕刻技艺,代表了中国木器工艺技术的最高水平。一件好的檀雕作品,要经过木材的烘干、开料、镞锯加工、组装、手工砸膘、雕刻、清地、打磨、打蜡等数十道工序方可完成,用时少则一年,多则数年。现在的木器雕刻早已经被又快又精准的机器雕刻所取代,但是手工雕刻的灵动与传神,是机雕的千篇一律和刻板永远无法达到的艺术高度。

北京中国紫檀博物馆有数量庞大的檀雕作品。以清明上河图为主题的12组大插屏,堪称紫檀手工雕刻技艺的经典代表作。插屏的画面完整而精确地还原了北宋时期东京汴梁的城市面貌和生活状况,就连纤夫拉纤的纤绳都与原画一样。它由一根完整的紫檀木精雕而成,绳子的编织纹路纤毫毕现。现在由于受到重力的影响,原本直直的纤绳已有些下垂,比原画更显出一种自然的状态。

2011年,北京中国紫檀博物馆申报的"紫檀雕刻技艺",被国务院列为第三批国家级非物质文化遗产项目名录。故宫博物院原院长郑欣淼曾经做出过这样的评价:"北京中国紫檀博物馆作为一家民营博物馆,在传承传统工艺和技术方面发挥了重要的作用。事实上,只有将紫檀雕刻工艺这样无形的文化遗产与紫檀家具这种有形的文化遗产相结合,才是完整的文化遗产保护。"

我看到了明式家具与清式家具的区别。

明式家具用料考究,线条流畅,色泽清新自然,讲究简洁舒适。北京中国紫檀博物馆的展览中,明式正厅里的条案、方桌、柜格、圈椅和玫瑰椅,传统书房里的书桌、架格、回纹柜格以及拐子纹席面罗汉床等,都是典型的明式家具式样,由珍贵的黄花梨木制作而成。

到了清代,珍贵的黄花梨木因被砍伐日渐减少,故清式家具在用料上更加偏爱紫檀,并且由于审美的变化,非常注重装饰的奢华,显曜出一种雍容华贵。北京中国紫檀博物馆中的紫檀木雕龙纹大顶竖柜,依照故宫所存原件制作而成,上下各开两门,四门镶板心,均浮雕云龙纹图案,雕饰龙纹均为五爪,柜身上的金属饰件均为铜鎏金錾龙纹工艺,气势非凡。一件衣柜通体雕刻,用料考究,尺寸巨大,雕饰纹样代表了清中期的典型风格,属清式紫檀家具中之重器。

我为镶嵌家具的高超工艺深深折服。

龙山文化时期出土的一件玉石镶嵌绿松石的发簪,证实距今4000多年的人类就已经开始使用镶嵌技术了。将镶嵌工艺用于家具制造,在唐代时已有记载,到了宋代更是应用广泛,明清时代这种工艺则达到了炉火纯青的程度。能工巧匠利用木作工具,将螺钿、金银、陶瓷、大理石等各种质地的材料严丝合缝地镶嵌在家具上,组成各种精美的图案;或将不同木材镶嵌在家具中。如将黄杨木嵌入紫檀家具或乌木家具中,利用黄杨木金黄绚烂的色彩,点缀紫檀或乌木的深重与沉稳。一个乌木嵌黄杨木屏风宝座,屏分三扇,正扇稍宽,采用高浮雕手法雕刻云纹,云纹之间施以黄杨木雕刻的苍龙教子图。其云纹流畅自然,龙身委婉回旋,利用乌木与黄杨木之间强烈的色彩反差,令图案更加活泼生动,整体造型充满张力。以精细入微的雕刻和严丝合缝的镶嵌,将不同材质的材料融为一体制作用具,在古代手工业高度发达的情况下,也是手艺高超的匠师才能达到的水平。如今,在北京中国紫檀博物馆都一一呈现出来。

北京中国紫檀博物馆有专门的嵌螺钿家具展厅。一个紫檀嵌螺钿千字纹立柜,柜的两侧面浮雕拐子纹,正面上下各开两门,柜门上采用螺钿镶嵌工艺,以乾隆御笔的行书体嵌南北朝时期周兴嗣所作《千字文》全文。

我深刻感受了传统家具中榫卯结构的独特之处。

我在对照书本学习的时候,就对传统家具全靠榫头卯眼套扣接合的结构着了迷。榫卯是在两个木构件上所采用的一种凹凸结合的连接方式,广泛用于传统建筑与家具之中。木与木之间，不用一钉一胶，仅仅靠彼此之间的咬合就实现牢固的连接，并且越晃越结实，令家具可以传家，建筑可以千年不倒。这是多么神奇的构造。可是式样太多，如迷宫一般让人辨不清，记不住。我到北京中国紫檀博物馆参观，几乎是带着疑问去的，特别关注家具中的结构连接，有了切实的感受。

二楼的游客体验区，桌上摆满了小型木器构件，游客可以仿照图例，使用这些构件拼接，以便了解各种榫卯结构。这当然是我最感兴趣的，于是站在桌旁，也学着图样拼插，深感平日"纸上谈兵"次数再多，都远不如这一次的实物演示。抱肩榫、夹头榫、楔头榫……那些我永远背不下来、整不明白的结构，都随着手上的拼插记在了心里。

我对名贵木材有了一定的了解。

看书里的图片，永远也记不住不同木材之间的区别，北京中国紫檀博物馆呈现的各种木器，让人可以通过观察加深印象。黄花梨木、紫檀木、乌木、鸡翅木、酸枝木、樟木、黄柏木与黄杨木，各种名贵木材汇聚于此。要想全面了解，这里真是绝佳的场所。过去我从没听说过阴沉木，就因为在参观过程中看到由阴沉木雕刻的永定门城楼，才填补了这块知识空白。展厅里还贴心地设置了一个展示台，摆放着各种木材原木，人们可以拿在手里细微观察和比较。

据陈丽华馆长介绍，在北京中国紫檀博物馆里，所有展品都具备三个特征：一是在工艺上全部使用传统的榫卯结构，没有一根钉子和一滴胶水；二是这里的展品再富丽堂皇，也都是原木本身的颜色，只做打蜡保护，不上任何漆料；三是所有雕刻都是匠师纯手工打造的，没有任何现代机器的辅助。也就是说，北京中国紫檀博物馆就像一本中国传统木作技艺的大书，全面地、原汁原味地展示了传统木器制作的精髓。

为了让中国传统木作家具文化得以继承、发展和创新，陈丽华开始了对传统家具文化更深入的挖掘和学习。她深知，家具制作工艺和檀雕工艺都是中国传统木作文化的精华，是中华民族智慧与审美的高度凝练，是中国传统文化不可或缺的重要元素。随着时代的变迁和大工业进程的发展，机械制作如雨落沙地一般，渗透到家具制造的每一道工序中，浸湿了每一粒技艺沙粒。其中，蕴含民族智慧的榫卯工艺，被铁钉和黏合剂所取代；最具艺术价值的手工雕刻被生硬的机器雕刻所取代。那些带着人类体温、带着人类智慧与手艺的传统技艺，火一样渐渐熄灭，渐渐失去了光和热量。现在，会运用榫卯工艺和进行传统檀雕的老匠师已经越来越少了，年轻人更没人愿意下苦功夫学。这些重要的传统技艺面临失传的风险。

如果说民族文化犹如一盏燃灯，要让它不停燃烧，不停发出光和热,则需要不停地添油换芯,小心守护每一个火苗。陈丽华便是一个火光守护者。她说:"我感觉民族的东西不能丢,传承和弘扬中华传统文化,是我们这一代人的责任。我们要把这些留给子孙后代,让他们了解我们自己的文化有多么了不起。"

她拿出毕生的时间与精力,践行了这句话。她从没觉得自己只是个女人。她用了将近半个世纪的光阴不间断地学习木工,让自己成为一名木作专家,让自己成为国家级非遗"紫檀雕刻技艺"的代表性传承人。自古以来,"木匠"这个工种就是男人的天下,从没听过有哪个技艺超群的"女鲁班"。从这个角度讲,陈丽华也堪称千古第一人。

紫檀女王陈丽华

陈丽华,这个名字大多数人都不陌生。2012年,她被美国《时代》杂志评为"全球100大最具影响力人物",是唯一的中国女性。她曾创造过一个时代的商业辉煌。同时,她还因在紫檀文化艺术方面的杰出贡献,而被誉为"紫檀女王"。

出生在颐和园,身为满族正黄旗的陈丽华,从小就是在紫檀木、黄花梨木等贵重的硬木家具的陪伴下长大的。她常说,她印象最深刻的一件事,就是父亲不止一次地指着房间里的硬木家具叮嘱她:"这些都是好东西,能攒起来就攒起来。不能攒的,就是挂在墙上摆着也好。"这句话在陈丽华的心里埋下了一颗种子。在她有了足够的经济实力后，便不可抑制地展现出对紫檀的喜爱。

紫檀木产自热带地区，生长极其缓慢，非数百年不能成材。而且，紫檀木的成材大料也非常难以获得，因为直径超过 20 厘米，树木就会出现空心，故有"十檀九空"的说法。

在中国，紫檀木因其色调深沉高雅，自古就在家具市场广受青睐。以紫檀木打造器物的记载最早始于唐代，到明朝因被皇家重视而被大规模采伐，到清朝就已经很难采到高质量的佳木了。因此，紫檀木价值高昂，所谓"一寸紫檀一寸金"。

20 世纪 70 年代，陈丽华为了收集紫檀木原料，每年都要携重金远赴北回归线以南的热带地区考察紫檀木的生长环境和木质属性。雨林、湿地、弥漫的瘴气、40 摄氏度的高温，陈丽华在向导的带领下水宿山行。她向我介绍说，有好几次，毒性与眼镜蛇不相上下的七寸蛇、哪怕只剩头颅仍具备攻击性的响尾蛇，就在距她几步远的眼前爬行而过。在那些阴晴不定的天气里，在野兽出没的森林中，她忍耐着蚊叮虫咬，无数次遭遇危险，又无数次险中求生。她说有了那样的经历，她如今已是天不怕地不怕的性格。最终，她凭着超人的意志和坚定的信念，带回了成百上千吨优质的紫檀木。

20 世纪 70 年代后期，陈丽华开始投身收集修缮古旧家具的工作中。她多次往返福建、广东、河北、江浙等雕刻之乡，研究调查第一手资料，在极为稀少的雕刻人才市场中，寻觅技艺高超的檀雕大师。然后成立专门的紫檀雕刻工厂，利用她带回的印度小叶紫檀的野生林老料，制作了几百件紫檀家具。

  1990年，她向北京亚运会组委会捐赠紫檀屏风，用于展示中华传统木作工艺的精粹。鉴于紫檀木的稀少和檀雕家具的贵重，亚组委立即向北京市委汇报。市领导非常重视，专程委托故宫博物院的单士元、王世襄、朱家溍等几位老专家，到紫檀雕刻工厂考察。

  这些专家深知紫檀木的珍稀和檀雕技艺的尖端，最开始根本不相信民间会有如此规模和质量的檀雕家具，更不相信陈丽华作为一个商人、一位女性，会对中国传统木作技艺有如此深刻的理解。直到来到陈丽华的紫檀雕刻工厂，亲眼看到陈丽华团队精益求精的工艺技术，看到这些夺人眼目的檀雕精品，才在震惊之余深深折服。

  他们对陈丽华团队给予了最大的支持。单士元先生是明清史专家、档案学家和古建筑学家，曾在故宫博物院供职14年，担任过副院长。他特意为陈丽华写了推荐信，让她可以自由出入故宫博物院，以皇家珍藏的木器为蓝本制作紫檀家具。陈丽华带领团队深入故宫博物院的库房，对清皇室所藏的木制家具进行详细测量，用复写纸将那些精美的木雕花纹拓印下来，并在老专家们的亲自指导下进行高度还原。

陈丽华的这些经历和感悟，让她更深刻地理解了文化熏陶的重要作用。让老百姓有个接触传统木作文化的地方，让子孙后代有个接受珍贵木器熏陶的环境，便成为她举办民办博物馆的原因之一。她希望通过博物馆展示的木作文化，将中华传统文化植入更多人，特别是后代人的心里，让大家真正能够发自内心地热爱传统木作文化。她认为，只有这样，传统文化才能得到真正有效的传承。

1999年2月，陈丽华举办的北京中国紫檀博物馆在北京市文物局进行备案，于1999年9月19日作为北京市向建国50周年的献礼工程开馆迎客，2001年10月10日在民政部门正式登记成立。王世襄先生为北京中国紫檀博物馆撰写了前言："紫檀家具是中华的瑰宝，民族的骄傲，陈丽华女士对此有深刻的认识，由衷的爱好，故费巨资，搜购良材，延请名匠，以故宫珍藏为典范，精工雕制，尽力倾心，孜孜不倦，竟达到忘我的程度。十余年来，集中工匠数百人，营建厂房几十楹，制成精品逾千件，规模成就除乾隆内府外，可谓绝无仅有。为了妥善保管，传之久远，供广大人民参观欣赏，借鉴研究，特修建这座美轮美奂的紫檀家具博物馆，不云绝后，确是空前……"

如今，这一珍贵的手迹被制作成板芯为黄花梨木嵌黄杨木的挂屏，摆在北京中国紫檀博物馆大门入口处。挂屏两侧，是王世襄先生专为陈丽华馆长和北京中国紫檀博物馆题写的嵌名联：丽质珍材腾紫气，华堂宝器映丹楹。嵌名联充分表达了老一辈文化学者对北京中国紫檀博物馆和陈丽华的信任与期待。

陈丽华可以说是中国举办博物馆的第一位女性，至今在北京举办民办博物馆的，也少有女性。

复制了故宫博物院的所有木制家具，陈丽华仍不满足。作为一个土生土长的北京人，她对家乡有着一种如根离不开土、鱼离不开水的情感。当在高速发展的社会化进程里，北京原有的很多老建筑被拆除，老北京的历史记忆渐渐消散在岁月的风云里时，她感到的是深深的不舍和痛心。为此，她以贵重木材为原料，以古建为蓝本，制作了一系列老北京著名古建的大型模型，如天安门城楼、故宫角楼等。

从2008年开始，她亲自挂帅，组建了一支600人的专业团队，其中专家学者和高超工匠就有100多名，启动老北京城门楼的复制工程。

这不是一个简单的工程。自明成祖朱棣1407年开始营建北京的宫殿、坛庙，修建城垣，建有"外九内七"共计16座城门楼，至今仅有几处幸存的遗迹。不仅没有图纸，就连照片也难以找到。为此，陈丽华带领团队从海内外各种渠道寻找散落的城门照片，花高价从国外回购残存的资料，然后一边比对着照片，一边制作图纸，再从一个点、一条线开始修改图纸。一张图纸有几间普通屋子那么大，都铺在地上。她经常亲自跪趴在上面修改，一跪就是一整天。夏天闷热，穿的衣服又少，她的膝盖磨破了也不知道，流血流脓也顾不上治疗。整整3年的时间，她的膝盖不知磨破了多少回。

由于北京的城门不是紫檀木的颜色，现有的硬木木材也没有对应的颜色，陈丽华又到处找，终于在四川找到一种颜色最为接近的阴沉木。阴沉木质地更加坚实厚重，色彩乌黑华贵，断面柔滑细腻，并且木质油性大、耐潮、有香味，历经万年而不腐不朽，有"东方神木"和"植物木乃伊"之美誉。不过，这种木材真正可用的地方非常少，因此陈丽华又耗费巨资购进了大量阴沉木原木，以满足复制需求。

真的是一梦十年。到2018年，陈丽华团队终于用阴沉木和紫檀木建成16座老北京城门，连接16座城门的10座角楼，以及瓮城内的10座关帝庙、观音庙、真武庙。那些千万块零部件，仅仅用木作的榫卯技术就实现了严丝合缝的对接，没用一根钉子。无论是外形外貌，还是一砖一瓦的细节，几乎都与实物一致。更令人称奇的是，在制作过程中，团队还破解了中国建筑史上一项失传已久的"黑科技"——古代建城门用的千斤闸。

由于场地限制,现北京中国紫檀博物馆里展示的只有永定门。永定门始建于明嘉靖年间(1522～1566),1957年被拆除,2004年为迎接北京奥运会而重建,但并未恢复箭楼和瓮城。北京中国紫檀博物馆里的永定门,不仅复原了古老的城楼,而且依据资料复原出箭楼和瓮城,是一个完整的永定门模型。红色的梁枋和斗拱以紫檀木制成,灰色的砖石城墙和屋顶瓦片以阴沉木制成,一块砖、一片瓦、一根梁、一道檩,都参照原物按比例缩制,精巧逼真。

我们已无法计算曾经有多少双脚穿梭过那些古老的城门,无从知晓在从前的晨钟暮鼓中人们是以怎样的心情感受都城的繁华,但是今天,在北京中国紫檀博物馆,那些承载着无数深邃智慧,无数炙热情感的古老城门,就在抬手可以叩击的眼前。

以家具制作的方式,复原已经消亡或正在消亡的传统建筑,既是一种传承,也是一种创新。为了将记忆中的老北京、老物件永远留存,陈丽华拼尽全力,创意无限。

80来岁的陈丽华不满足已取得的成绩,她还有新的目标,更宏大的理想。她说她还想筹建一座"老北京文化园",将老北京城门楼、角楼和瓮城中的庙,按照过去老北京的位置摆放,再把同仁堂、全聚德、东来顺、瑞蚨祥等北京老字号请进来,把从前天桥唱戏打把式的、说相声的、卖糖葫芦的,以及各种传统小吃都引进来,让老舍笔下的"北平"复活在新时代的岁月里,让老北京建筑以模型的方式参与到现代生活中。

为了将中国传统手工艺介绍给全世界,宣传中国传统木作文化,让更多人了解中华民族的智慧与审美,确保中国传统文化可以在全世界范围内永续留存,陈丽华曾经携北京中国紫檀博物馆走向世界,在美国、日本、韩国、德国、法国等十多个国家和地区举行以"紫檀的奥秘"为主题的巡回展览。同时,还将大型建筑模型以无偿赠送的方式,令其入驻世界各地的知名博物馆。自2005年起,北京中国紫檀博物馆分别向包括中国故宫博物院、中国国家博物馆、美国史密森博物院、德国德累斯顿国家艺术收藏馆、日本九州国立博物馆等在内的世界各大博物馆捐赠馆藏大型紫檀古建模型。紫檀古建模型被这些博物馆永久收藏。

此外,陈丽华还发展团队,寻访、挖掘那些有技术的老匠师,建立檀雕技艺传承基地,为他们提供发挥所长的场所和机会,帮他们招徒弟。通过这种方式,培养了一批又一批木作匠师和紫檀雕刻匠师,制作了众多紫檀艺术精品,让濒临灭绝的传统工艺得到了有效的挖掘和传承。

为弘扬中华民族传统文化，全方位、高水平地展示紫檀艺术魅力，传承檀雕技艺，再现中国传统紫檀文化的辉煌，2021年4月16日，北京中国紫檀博物馆与朝阳区非物质文化遗产保护中心共同主办了"寻找工匠"紫檀雕刻技艺传承人群培养计划。

全部课程免费，培训导师由陈丽华亲自担任。同时还特邀了其他专家授课，讲授明清家具艺术赏析和材质鉴定知识。经过严格的层层筛选，最终筛选出10名学员，展开了为期3个月的紫檀雕刻技艺学习。学员共设计、制作完成10件作品，达到檀雕技艺初级技师水平。

这样的项目，调动了年青一代从事传统工艺的积极性，形成了传承人群合理的梯队，同时他们也想借此唤醒全民保护传统文化的意识，提升传统文化的传播力。

2024年7月27日，在印度新德里召开的联合国教科文组织第46届世界遗产大会上，"北京中轴线——中国理想都城秩序的杰作"被列入《世界遗产名录》。陈丽华知道后非常振奋，立即与北京京企中轴线保护公益基金会取得了联系，协商捐赠紫檀古建模型天安门城楼的事宜。为了这个国家，这片土地，她愿意永远以最火热的情怀，最年轻的心跳，去付出，去建设，去奉献。

同为女性，我更能感受到她做这些工作所付出的努力，是一种怎样难以承受的艰辛。身体的局限自不必说，探索过程中的孤独，难以突破时的困顿，经济上的压力，凡此种种，都非普通人所能承受，却都化成了她脸上的微笑。正是这种超出常人的坚定和执着，让陈丽华成就了如今的北京中国紫檀博物馆，也成就了她自己在传统文化保护领域的辉煌。

北京中国紫檀博物馆展厅的墙上，挂着多幅绘画作品，都是五六米长、两三米高的巨幅画作。这些画作都出自陈丽华馆长之手。陈丽华最喜画松鹤，很多画作中都有9只丹顶鹤，姿态飘逸，步履轻盈，扬着修长的颈立于苍劲的松枝之上，目光如炬，望向远方。在中国的神话中，丹顶鹤被称为"仙鹤"，是仙人所饲养和骑乘的神鸟，拥有无限神力。仿佛，那是陈丽华馆长最想表达的意境，无限的生命意向，便是北京中国紫檀博物馆追求的远方，是中国传统木作文化的神圣力量。

过去，德高望重、才华横溢的女性通常被尊称为先生。我也依旧俗尊称陈丽华为先生。陈丽华先生以北京中国紫檀博物馆为依托，为中国传统文化所做之贡献，如苍松之上昂首的白鹤，让天空有了飞鸟的痕迹，让远方更远，让未来有了方向。

车行岁月深：北京老爷车博物馆

有人说，香烟和酒精是男人抗拒不了的诱惑。有"中国老爷车第一人""车痴"之称的雒文有则说，香烟、美酒能有什么诱惑，老爷车才是他生命中最重要的，是他无法抗拒的诱惑。

老爷车，这个带有怀旧色彩的词汇，让人一下子联想到旧时贵族的座驾，一辆辆带有时代审美特色的古典车辆。据传这个词最早出现在1973年英国的一本杂志上，尽管英文原文 classic car 直译的话，应为"经典的古老汽车"，但"老爷车"这个词形象、贴切，以及给人以亲切感，迅速得到了众多老式汽车爱好者的认同。

到底什么样的车可以称为老爷车？国际上的认定标准除了年份外，还要求车的所有零部件都是原厂原配，且能够驾驶。其中，关于老爷车的年份认定，国际上至今没有一个统一的标准。美国古老车俱乐部将1930年之前的古董车、1930～1948年的古典车、1946～1972年的优质汽车以及第二次世界大战后少量生产的限量车界定为老爷车。英国大不列颠古老汽车俱乐部将1918年前的古董车、1918～1931年的早期名牌车、1932～1945年的名牌车，以及第二次世界大战后有代表性的现代经典车界定为老爷车。在中国，业内有将1925年之前生产的古老车、1926～1941年生产的老爷车、1945年之后生产的战后经典车界定为老爷车，也有将生产满30年以上的车统称为老爷车的。

在西方，收藏老爷车是一种相对普遍的行为。阳光明媚的日子，人们可以挂上被政府认定的老爷车牌照，驾驶车辆四处逛逛，可以到专门的老爷车鉴定机构去了解任何一辆老爷车的价值和价格，甚至可以自发地驾驶着各自的车辆，到某个约好的地点，互相交流，进行买卖和交换，出售各种老爷车的零配件。因此，老爷车收藏不但有一套成熟的收藏体系，而且是成熟的投资项目。2022年5月，苏富比拍卖行证实，一辆1955年产梅赛德斯奔驰300SLR Uhlenhaut Coupé以1.35亿欧元（约合人民币10亿元）的价格成交，成为老爷车拍卖价格的天花板。

相较于欧美国家，中国的老爷车收藏行业起步较晚。

"中国老爷车第一人"雒文有

1978年，在河北省承德市某机关任司机的雒文有，用积蓄买下了一辆20世纪50年代由波兰生产的蓝色华沙牌小轿车，成为河北省拥有私家车的第一人。这辆车后来也成为他收藏的第一辆老爷车，自此开启了他与汽车收藏一生的牵系。

雒文有刚开始收藏时，各类珍品老爷车在国内已不多见，大多都藏在一些国有机关和个人手里。为了找到它们，雒文有凭借着一腔热爱与执着，踏遍祖国大江南北，出入各类机关单位，遍访社会各界人士。很多时候，拥有车辆的单位或个人是不能转让或不愿出手的，但只要雒文有找到了老爷车的踪迹，他就算死缠烂打也要求到手。有时候，为了一辆车，他能盯上好几年，反反复复地去拜访，直到遇到合适的契机拿下。

他收藏的一辆超长红旗车，长达10.08米，轴距8米，V8发动机，最大马力220匹，内饰豪华，配置完善，是我国第一辆加长轿车。20世纪70年代初，国内的汽车工业基础薄弱，国外汽车行业一方面在技术上对中国进行封锁，一方面也看不起中国的技术能力。毛泽东主席做出指示："要造我们自己最长的车。"长春第一汽车制造厂欣然受命，在1976年制造出了我国第一台加长轿车。因为一些原因，这辆唯一的加长红旗车未能面世和投入使用。雒文有得知它"出世"的消息时，它正被一位藏家收藏。雒文有像得了魔怔似的，多次登门拜访，碰一鼻子灰也从不气馁。几年之后，藏家因为无处存放这辆车，才高价将其转让给雒文有。

男人爱车仿佛是刻在基因里的，但能够收藏车，还是收藏经过岁月检验、在历史上留痕的老爷车，可不是件容易的事。首先就需要雄厚的经济实力作支撑。雒文有曾是个有钱人，改革开放的政策一出台，他就在当地第一个搞起了个体运输，很快就靠勤劳和信用积累了财富。后来，他开办过汽车修理厂、旅游公司，兴建过卡丁车赛道等各种赚钱的生意和项目。然而，当他开始了老爷车收藏，便把所有的时间、财富都用在了车上面，再没有精力关注公司的业务，后来不但转让了运营良好的公司，结束了收益丰厚的项目，更是把家里 90 多平方米的住房换成了 50 多平方米的。

遇到稀罕的老爷车，他会舍得拿全部身家去交换。可是除了购车的钱，他舍不得多花一分钱在其他方面。他向我讲起他最危险的一次收藏经历。

20 世纪 80 年代末的一个严冬，雒文有到辽宁丹东去提取一辆新购置的老爷车。为了减少运输成本，他独自一人，驾驶那个年代常用的旧 130 轻型卡车前往。为了省下住宿费，他昼夜不停地跑，饿了就啃几口干面包，困了就在车上眯一会儿。

这辆车的车况非常差，水箱漏水严重，经常跑着跑着就需要加水。那个年代不像现在，一路上也找不到个修车的，雒文有只能硬着头皮往前开，缺水了就在附近找点水加上。

某天夜里，白天好好的车突然又缺水了。夜深人静，到处黑洞洞的，人们早已进入了梦乡。冰天雪地里，雒文有急得直冒汗。突然，他看到不远处灯火通明，忙开着车过去，见到的却是一家正在办白事的，哭天抢地的声音吓得他没敢多言，开着车就跑。

越想找人烟，所到之处越是荒凉，他已经置身于荒郊野外。不出意外的话，车就要抛锚于此了，这真是一件令人棘手的事。

忽然，他惊喜地听到了哗哗的流水声，抬眼望去，看到的是白茫茫的一片。借着月色，感觉那是一条宽阔的河道。雒文有忙取出水桶，踏着厚厚的冰层，循着水声过去。终于看到有个圆圆的冰窟窿，湍急的流水在冰层之下流动。他在距离冰窟窿1米远的地方停下来，趴下身子取水。意外还是发生了，几乎在瞬息之间，雒文有的身体就整个掉进了冰窟窿里。天气特别冷，雒文有掉下的瞬间，胳膊和胸口立即被粘在冰层的茬口上。也幸好如此，否则他就会被急流卷到冰层下面，再没有生还的可能。

他告诉我，几十年过去了，他现在想起依旧感觉到后怕。为了省钱，他就只身一人，当时真是叫天天不应，叫地地不灵，按正常人的体能，根本无法脱困。真是到了生死攸关的时刻，他也不知是哪来的力气，撑着冰层拼命向上一蹿，竟然一下子蹿了上来。天寒地冻，他身上的棉衣、棉裤迅速冻成了冰疙瘩，几乎是蹭着才挪到了车前。上不了车，就拿出车上的撬棍敲打"冰裤"，把膝盖处打弯了才爬上驾驶室。

真是为了省钱连命都不要了。然而，这么恐怖的经历，也依旧没有让他改变习惯。为了收藏老爷车，他可以不计成本，但在日常生活里，他却永远是能省则省。为省下十几二十几元的高速费，他可以提前一两个小时出发走高速辅路或绕行。除了吃饭，他几乎没有其他开销。拥有 200 多辆老爷车的他，日常的代步车却是 2016 年女儿孝敬他的新能源电动汽车，全下来也就 11 万元。

2022 年冬，我去北京老爷车博物馆拜访雒文有的时候，他正穿着一件如老爷车一般带着历史痕迹，已经破烂得露出经纬线的灰色涤卡中山装，灰头土脸地蹲在角落里焊接隔离墩的底座，全身从头到脚落满了金属的粉尘。那样子看上去与工地上干活的工人几无差别。

早在 20 世纪七八十年代，在全国大多数家庭还处在"新三年，旧三年，缝缝补补又三年"的时候，雒文有夫妇就已经穿上时髦的呢子外套、西装裙了。如今，这么多年过去了，他穿的还是以前的衣服。他把钱都投在了老爷车收藏上，所以人们总说他简直就是个"车痴"。

这位"车痴"，不仅致力于老爷车收藏，还尽自己一切努力参与老爷车的相关活动。他是中华人民共和国成立后第一位参加世界老爷车拉力赛的赛车手。

1998 年，举办过多次的国际老爷车拉力赛第一次来到中国。因为参赛的门槛过高，此前还没有一辆中国产的汽车参加过比赛。雒文有带着藏车红旗 CA770 得到中国汽车运动联合会的确认，又通过了国际老爷车联合会严格的参赛资格审查。这辆车可不简单，它于1960年生产，是中华人民共和国成立后生产的第二代红旗车，第一位主人是聂荣臻元帅。

在老爷车拉力赛中，比的不是速度，而是通过一系列诸如车龄、车况、车史、行驶表现等十多项复杂而专业的指标，对参赛的老爷车做出综合评价。在雒文有的努力下，这辆中国自主品牌红旗车在5天之中完美地跑完了从大连到北京1300千米的全程，在50辆参赛老爷车中荣获第九名的好成绩。1999年1月，国际老爷车联合会向这辆参赛的红旗车颁发了老爷车资格证书。这是当时我国唯一获得此项证书的车辆，资格认证编号为"011482"。从此，中国的"红旗"插上了世界汽车品牌的高地。

这些不平凡的经历，让雒文有对老爷车的收藏更为执着，对宣传中国汽车工业的发展有了更大的信心。于是，成立北京老爷车博物馆，成为他漫长的收藏岁月里注定要迈出的一步。

水到渠成，举办博物馆

2007年时，雒文有已拥有100多辆各式老爷车。这些可不是一般的玩具，在家里多加个柜子便可以收纳。为了给爱车们找到新家，他买下了怀柔区杨宋镇一个占地近6700平方米的塑料厂旧厂房，将原来3000多平方米钢架结构的厂房，改装成6000多平方米的展厅。2008年10月,北京老爷车博物馆正式登记成立。2009年6月8日,博物馆正式向社会开放。

现在,雒文有的老爷车收藏已经达到了200多辆,其中100多辆陈列在博物馆里。博物馆的展厅共分5个部分:

"名人座驾"展厅展示的是前国家领导人等名人坐过的车。建国初期,苏联向我国赠送了5辆吉斯110之后,又赠送了吉斯115,吉斯115是吉斯110的升级款,车窗带有防弹功能。北京老爷车博物馆收藏的是毛主席和陈云曾经的用车吉斯110,以及刘少奇曾经的用车吉斯115,其中吉斯115的后车窗上可以明显看到被重物击打的裂痕,但并没有破碎。展厅中的红旗CA770W救护车曾是周恩来总理晚年用车,车里有氧气架、医疗箱、担架以及主治医生和护士的座椅,仿佛一个流动的小医院。带病工作的总理时常一边在车上输液,一边处理工作。此外,展厅里还陈列有胡耀邦、宋庆龄、傅作义、陈纳德等多位领导人、抗战将领以及其他名人用车。

"曙光初照"展厅集中展示了我国最重要的三大汽车生产基地所生产的老牌车辆,记录了我国汽车行业发展历程。

长春第一汽车制造厂是新中国汽车行业的摇篮。1956年7月13日,长春第一汽车制造厂建成并试制成功第一批国产载重汽车。毛泽东主席将其命名为"解放"牌。这是一款以吉斯150为蓝本制造的汽车,参加过1956年的国庆阅兵式。北京老爷车博物馆的展厅现场，就有一辆CA10型解放牌汽车，旁边是一张大部分人都见过的雷锋的照片，原来雷锋驾驶的便是CA10型解放牌汽车。展厅里展示的东风牌轿车，是1958年长春第一汽车制造厂生产的第一批轿车中的一辆。它是红旗轿车的前身，因车前有一只金龙车标，人们习惯叫它东风金龙。当时的生产技术还很落后，车身全部是由工人手工敲打出来的，在外观上看不出一点痕迹。2011年，国务院原副总理李岚清到北京老爷车博物馆观展时，讲到他与这辆车的渊源：他26岁那一年，亲自把这辆车送到北京，请毛主席和周总理试坐。

北京汽车制造厂创建于1958年，是国家继长春第一汽车制造厂后兴建的第二家大型汽车生产企业。展厅里展示的有北京汽车制造厂早期生产的东方红牌BJ760小轿车，从名字上也能看出独属于那个时代的浓郁特色；有1966年生产的轻型越野车BJ210C，这是一辆军用吉普，0.5/0.75吨第一代军车BJ212就是在其基础上改进和升级的；还有一辆承载了无数人深情记忆的五七型北京牌公共汽车，是北京汽修公司生产的，里面的座椅全是木制的，转向灯是一个位于车头的手动铁制小箭头，向哪里转向便用手拨动一下，只有对面来车才能看到这一信号。

1958年9月28日，第一辆凤凰牌轿车在上海汽车装配厂试制成功，实现上海汽车工业轿车制造"零"的突破。1964年，凤凰牌轿车改名为上海牌轿车。所以，存世的凤凰牌轿车数量非常稀少，该展厅里就有一辆。此外，展厅里还有上海牌敞篷检阅车SH761、三轮货运汽车上海SH58-1等上海汽车系列。

"骄傲的红旗"展厅，通过对早期红旗轿车的发展进行展示，追忆了中国人自己设计制造第一辆轿车的故事，以及红旗轿车的发展历史。红旗汽车是中国汽车工业的象征之一，有着丰富的文化内涵和重要的政治意义，从诞生到发展的每个阶段，都承载着中国人民对国家繁荣和汽车工业发展的期望与梦想。在雒文有众多的老爷车收藏中，红旗汽车的收藏占比最大。从1958年生产的第一代红旗轿车CA72开始，到二代、三代等红旗汽车，甚至未能投入量产的CA774试制样车，再到20世纪80年代红旗品牌尝试向世界高端汽车市场进军的车辆；从毛主席等国家领导人参加重大庆典的检阅车，到多位外国元首来华的接待用车，雒文有基本集齐了早期红旗汽车的所有车型。雒文有希望通过对红旗轿车发展史的展示，将中国人民坚守初心、开拓进取的红旗精神一代代传递下去。

"功勋卓著的军车"展厅，展示了从战火硝烟中走来的军用汽车，共14辆，包括战地吉普、军事救护、军用跑车及坦克。它们在外形轮廓、动力性能、细节设计方面都体现了战时的特殊需要，带着各自的战绩和记忆，在饱经战争洗礼后接受着和平年代观众的注目礼。

"国外名车"展厅,荟萃了难得一见的国外老爷车名品27辆。有19世纪中叶美国产蒸汽车,比世界上第一辆汽车还要早30年,通过烧木炭或者木柴发动,现在加上水,加上木柴,时速还能达到8千米;有世界上第一辆以汽油为动力的三轮车——奔驰一号的复制品,正品现藏于德国斯图加特市的奔驰汽车博物馆里;有20世纪30年代美国生产的消防车,那时候的车还没有喇叭,发挥喇叭作用的是一个手拉的铃铛。从发展至今的品牌鼻祖到性能卓越的绝版跑车,从传说中的贵族名品到经典绝版的经济车型,这些老爷车时常出现在国内外的老电影中,如老上海的名伶,站在那里便是旧时味道。

可以说,这里的每一辆老爷车的背后,都是一段真实的历史,都有一个生动的故事。

举办老爷车博物馆,比举办其他门类的博物馆,困难要大得多,因为上百辆老爷车的养护,就是一笔巨大的开支。一辆汽车并不是年份够久就有资格成为老爷车的,保养完好才是重要的先决条件。这就为老爷车收藏增加了更大的难度。要拼凑出一辆原厂原配还能驾驶的老爷车,真是难如登天。老爷车的日常维护和保养都远比普通汽车要费时、费力、费钱得多。比如,老爷车的油箱要加满油以防油箱生锈,车胎和电池即使不用,因为容易老化,所以也要几年更换一次。为了节省支出，雒文有经常亲自上阵，天不亮就开始对场馆内的车辆进行保养。这可是没有尽头的工作，因为一轮养护做完，最开始保养的车辆又到了需要保养的时候了。雒文有就像一个勤勤恳恳的农民，在自己的田园里不分昼夜地耕耘，每一粒麦穗都是汗水的形状。他更像一位国王，当他直起腰来站在展厅中间，周身的凛然之气会让人心生敬畏。四周全是一辆辆趴伏的老爷车，形态各异，如一个个身怀绝技、历经百战的文官武将。它们旷世卓绝，桀骜不驯，只为它们的王而臣服。

现在，北京老爷车博物馆里展示的所有车辆，都是雒馆长精心修复过，拉到路上便可以跑起来的。实际上，雒文有拥有的200多辆老爷车都是可以驾驶出行的。此外，他还拥有300多辆未经修复的车，将它们修复完整，让它们以最好的状态展现在人们面前，是雒文有最大的心愿。

众所周知，老爷车不同于一般的汽车，基本没有什么实用价值，所以没有收藏家会将老爷车当作日常生活中的代步工具。不过，作为收藏家们珍爱的"玩具"，老爷车又有着特殊的"游戏规则"：就是要让它动起来，而不仅仅是停在停车场里。正如"生命在于运动"，对老爷车最好的养护，就是每个月都能让它在一些路况良好又不堵车的路段跑一跑。车程最好控制在5～10千米，不能太短，也不能太长。车速不能太快，"散步"的方式最合适，最好每年还要有一次100～200千米的长途"散步"。

为了让博物馆里"休息"的老爷车动起来，雒文有可谓费尽了周折。每隔一段时间，他就要组织老爷车拉力赛。虽然每举办一次拉力赛，就算再节省，也得花个几十万元，但他说他别无他选。在他眼里，每一辆车都是有血有肉，有历史、有未来，有呼吸、有情感的生命。他拼尽全力也要让它们拥有自由奔驰的能力。

雒文有何尝不像一辆老爷车，外表沧桑，内质丰富刚强；外在陈旧，实则价值非凡。这辆车一直迎着风奔跑于漫长的拉力赛道上，行驶于岁月，也驾驶着岁月。他不惧时间无情的流淌，不惧人生道路的崎岖，以不变的赤诚，全力解决博物馆岁月里的难题，不图速达，但求长行。

檐头登科第：北京励志堂科举匾额博物馆

北京励志堂科举匾额博物馆位于朝阳区高碑店乡高碑店村东街1366号，是北京市朝阳区高碑店地区第一家博物馆，也是全国首家以科举匾额为主题的博物馆。

这是一座仿古形制的两进四合院，占地面积3000平方米，以展陈与科举制度密切相关的科举匾额以及众多科举文物为主。共收集科举藏品1000余件，其中木石匾额600余方，仅状元、榜眼、探花所题刻的匾额就有60余方。在藏品中，年代最久远的木制匾额"圣谕六言"为明洪武三十年（1397）制，年代最久远的石制匾额"状元及第"为明永乐十六年（1418）题刻。最为珍贵的金代科举门为博物馆的镇馆之宝，距今已800多年。

展陈分为5个展厅，包括：序厅，展出中国科举简史及相关科举知识，以图片及少量实物为主；秀才厅，主要展陈儒童、文童、生员、贡生的匾额藏品；举人厅，主要展陈包括文举和武举在内的举人匾额，以及有关台湾的科举匾额；进士厅，主要展陈状元、榜眼、探花、进士的匾额；榜书厅，主要展陈大型木匾、石匾，展示古代榜书艺术精品。截至目前，北京励志堂科举匾额博物馆可以说是我国国内最成理论体系的古代科举匾额藏品展陈单位。

举办人姚远利

同众多民办博物馆举办人的情况一样，姚远利也是从收藏起步，慢慢走上了民办博物馆之路。

20世纪90年代初，姚远利首先将自己的收藏主项确定为古砚。他很快被古砚所承载的传统文化内涵所征服。在收藏古砚的过程中，姚远利发现，在以"礼"治国的古代，匾额如同"礼"一样无处不在，不论是宫殿，还是民宅、牌坊、寺庙等，这些建筑上大都挂有匾额。一般认为，匾额应用始于先秦，是中国传统文化的重要载体，既有珍贵的艺术价值，又有深刻的历史文化内涵。特别是科举匾额，几乎是中国科举制度完整而真实的记录。从此，姚远利开始了对匾额，尤其是对科举匾额的收藏，并不断扩大范围，凡是与科举相关的文物，包括试卷、考生夹带的作弊资料等科举实物，都成为他的收藏品。

2008年4月18日，姚远利以近千件与科举相关的藏品为基础，举办了北京励志堂科举匾额博物馆。他亲自布展，希望通过这些匾额和其他科举实物，成为人们了解科举、研究科举的一个新的切入点。

由于种种历史原因，古代匾额的研究从未进入过专家学者的视野。在很长的一段时期里，大众对匾额用途的认识，一直停留在"装饰品""民俗文化"等肤浅的阶段。姚远利依托博物馆馆藏文物进行深入研究，提出"匾额学"这一新的概念，将古代匾额划分出两大体系，即官方匾额和民用匾额，明确了匾额具有标识名称和宣扬教化两大功用。他的研究成果填补了古代匾额理论研究的空白。

在整个收藏和研究的过程中，姚远利越发认识到文物保护的重要性，遇到有需要保护的文物，他都会挺身而出。有时候因为各种原因无能为力，他便寝食难安。

北京励志堂科举匾额博物馆大门前东侧，曾立有一块石碑和一对文武翁仲。碑身刻有满汉两种文字,书写《太子太保兵部尚书和硕额驸一等忠勇公福隆安碑文》。石碑和翁仲出土自福隆安与和硕和嘉公主的家族墓地。2005 年,因当地拆迁改造,福隆安与和硕和嘉公主的合葬墓穴被拆除,不同于那些价值连城的随葬品,石碑和翁仲并无人识,被弃置于旁边相对荒芜的小树林中。

姚远利无数次前去探看,每一次都心痛不已。他眼里没有值钱不值钱的概念,只是认为这些东西也是重要的文物,被弃于荒草之间,已经渐被腐蚀,再不加以保护,就会变成真正没有任何价值的石头了。可是石碑过重,要想移动是要花费一笔钱的。为了办博物馆,他早已是囊中羞涩,何况这些文物被弃置于草间没有关系,若私自移走一定会有人来管。思前想后,他还是不忍,最终上报文物主管部门,经同意后自费出资 5 万余元,雇用起重设备、长板卡车以及十多名工人,才将它们稳妥地移到博物馆门前。为了保护所在社区新铺好的路面,他还特意在路面上铺满木板,供沉重的大型货车通行。

有了姚远利和北京励志堂科举匾额博物馆的守护,这些文物变成了幸运儿,完好地留在了流动的岁月里。现在,石碑和文武翁仲已经被有关部门运送到更适合的地方进行保护。

凭借多年丰硕的研究成果和对文物保护做出的贡献,姚馆长曾被北京市文物局推荐,参加中宣部继承优秀传统文化座谈会,并在会上做了主题发言,受到与会者的一致好评。为弘扬优秀的传统文化,他还撰写了多篇文章,在《北京日报》上发表,其中《重彰匾额华彩,再续中华文脉》一文,还被收录进《中华论文范文写作》一书中。

1946年出生的姚远利,曾经在京西门头沟木城涧煤矿"走窑"10年。也许正是那段艰苦的岁月,铸就了他坚毅的品格,后来在收藏和举办民办博物馆的过程中,即使遇到再大的困难,他也没有皱过眉头。

2010年左右,我去拜访姚远利馆长,正遇到他最窘迫的时候。

那一天,他眼睛通红,腮帮子都肿了,看起来上了极大的火。一问,原来是他在收藏圈得到了一个消息,有人想出一块他寻觅许久的老匾额,要价还很真诚。他立刻和对方取得了联系,可是对方却改口了,称有人出了更高的价,他想要的话,就必须拿出比别人更大的诚意。

为了举办北京励志堂科举匾额博物馆,姚远利早已倾尽所有。他把个人购买的位于朝阳区高碑店文化新大街一座精美的仿古四合院用作博物馆馆舍,他的个人收入也几乎全部都投入到博物馆的建设中,哪里还有多余的钱。

搜尽口袋,他也拿不出更多的钱来。他请求人家等几天,对方也同意了,可是当他拿着东拼西凑的钱前去付款的时候,才知人家等不及，已经转卖给别人了。为此，他急火攻心，差点病倒。

那一年，姚馆长64岁，看得出来为了博物馆事业日日操劳，精神状态略显疲惫，但他仍兴致勃勃地带我参观，一一讲解那些匾额背后的故事。

再次相见已是2023年12月，出现在我面前的是一个满头白发的老人。当我再次提到那件他与匾额失之交臂的往事，他说他已经不记得了，因为在收藏的过程中，这种事情发生过太多次了。

我知道他曾经很早就创办企业，并且在那个行业里一度占据数一数二的地位，属于改革开放后先富裕起来的那一批人。可他一个华丽的转身，就冲到民办博物馆的赛道上来，将原来办企业挣的钱全砸了进来。我问他那是一个什么样的企业，有着怎样辉煌的过往，他只摇摇头说，不提了，都过去了，那不算什么。

接着又热情地向我介绍起博物馆。对此，他有讲不完的话，整个人神采飞扬，看起来年轻了许多。

原来，站在事业光环里的人，就算老了也会有松树的挺拔。

姚远利馆长介绍说，北京是一座拥有800年历史的都城。在这漫长的岁月里，科举最高等级的考试、会试和殿试多数都在北京举行，考出了大约250名状元，近5万名进士。在古代，一人在科举考试中中第是全家族的荣耀，每每那时，家里的门楣上便会挂上牌匾。遗憾的是，现在的北京城有关科举的遗迹已经非常少见了。北京励志堂科举匾额博物馆集中了秀才、举人、状元的各种匾额，以宣传科举文化为切入点，让更多的参观者在了解科举制度的同时，进一步解读国学，更好地传承悠久的历史文化。

此外，北京励志堂科举匾额博物馆还是廉政文化教育基地。在博物馆的二楼展厅，专门有廉政教育展和红色教育主题展。廉政教育展展示了范仲淹、王杰、林则徐等古代官员的各种廉政事迹和嘉言懿行，对中国古代廉政文化进行了全面的介绍。通过科举匾额文物这一文化载体，让人们更加直观地了解古代官员的选拔、管理和监察制度。红色教育主题展通过对革命根据地、抗日根据地的近代文物展陈，启迪后人认真汲取老一辈无产阶级革命家的思想精髓，积极涵养现代党性品格，不断加强自身学习，提高廉洁自律的意识，筑牢廉洁做人、拒腐防变的思想防线。

北京励志堂科举匾额博物馆还是北京市教委指定的"社会大课堂资源单位"和朝阳区文旅局指定的"传统文化传承基地"，利用走出去、请进来的方式，举办匾额巡回展览、开展拓片进校园项目、接待各类学生活动、举办传统文化的培训讲座等，让博物馆的社会教育发挥作用。

优秀的传统文化是实践社会主义核心价值观的基础。姚远利馆长以北京励志堂科举匾额博物馆为依托，将自己的办馆理念运用到实际行动中，把小匾额里的大文化进行深刻挖掘，不仅全力守护着中华民族共同的文化遗产，也让这些文化遗产在社会生活中发挥出最大的作用。

可是，最让姚远利馆长发愁的，是自己的年龄不饶人。从前他都是亲自布展，参观者来了也亲自当讲解员解说，现在却越来越没有精力了。他1946年生人，正常来说早就到了该退休的年纪，可是他哪里离得开。他必须得找个得力的助手，可以辅助他继续做好博物馆工作。

继往开来的接班人

我再去拜访他的时候，已经是2024年了，新就任的副馆长韩晓燕接待了我。韩馆长是姚远利的儿媳，之前在广东从事园林绿化的工作，那是一份她非常喜欢的工作，职业道路顺风顺水，她从没想过要转行。可是2019年的一次家庭决议，让她放下了一切，来到北京协助父亲姚远利担起了重任。

她说，一开始她都是懵的。她不能理解父亲辛辛苦苦半辈子，把自己的所有积蓄都投入到这样一家赔钱的博物馆里为的是什么，想不明白自己放弃喜爱的高薪工作，千里迢迢来到北京守着这么一座大院子到底图的是什么。仅仅是因为父亲的理想而牺牲自己的职业前途,到底值不值得?那个时候,一方方匾额,就像一双双眼睛,看着她茫然地站在馆中央。

直到有一天,她跨过后院的"状元桥",一方匾额引起了她的注意。

匾额上刻有"裕后堂",不知出自谁家祖屋,也不知有没有荫庇了后人。那一刻,它被挂在博物馆二楼的檐桕下,太阳的光打在状元桥下的荷池里,又折射到匾额上,这三个字传递出一种震慑人心的力量。

光前裕后,是为祖先增光,为后代造福。博物馆事业就是这样的事业,将祖先的文明以另外一种形式再度重现,让后世子孙将血脉里的传承意识化作实际的行动。韩晓燕睃巡着展厅,心里有了不一样的触动,那是她从前站在花花草草中所没有过的感受。

她拿出自己全部的精力,拿出自己多年积累的学识与能力,从管理入手,开始了大刀阔斧的改革。

首先,她拿出了自己多年的积蓄,对博物馆的硬件设施进行了全面的升级改造。展厅内的空调设备全部被更新为环保节能型,展柜里的灯光系统也重新进行了改造,以确保游客在参观时能够在最舒服的环境中,最合适的光线下,有最好的参观体验。她还特意在馆内增设了休息区和文创产品区,让游客在欣赏文物的同时，也能感受到博物馆的温馨、周到和更多的文化内涵。

除了对硬件设施进行升级改造外，韩晓燕还聘请了专业的团队重新布展，和他们一起精心策划了多个主题展览，将文物按照历史脉络进行排列，让游客能够更加清晰地了解中国科举制度的历史演变。同时，她还增加了互动环节，让游客在参观的同时能够亲手触摸文物，体验古代科举考试的场景，使展览更加生动和有趣。

她还致力于拓展博物馆的开放项目。她深知青少年是文化传承的重要力量，因此设计了一系列针对中小学生的传统文化教育活动。每逢毕业季，她都会利用馆内的书院式环境，邀请幼儿园毕业生前来参加开笔礼。

此外，韩晓燕还与研学机构及中小学合作，共同开展了成人礼、入泮礼、谢师礼、感恩礼等多种传统国学礼仪活动。这些礼仪活动不仅让孩子们了解了中国传统文化，还让他们在互动中学会了尊重与感恩。通过这些活动，博物馆逐渐成为北京市青少年"国学人格教育"的重要基地。

在科研方面，韩晓燕也不遗余力地推动博物馆与大专院校的合作。她与中国传媒大学合作，将博物馆作为该校马克思主义学院政治科目的校外课堂。学生们可以在博物馆内了解到丰富的历史知识和文化背景，从而更好地理解古代政治制度的演变和发展。这种合作模式不仅为博物馆带来了新的发展机遇，也为传统文化的传承注入了新的活力。

有感于匾额不仅是科举制度的见证，更是历代文人墨客的才华结晶，韩晓燕还与书法机构合作，开设书法研学课堂，进一步挖掘和传承文化遗产。通过书法研学课堂，游客不仅可以更深入地了解这些匾额背后的历史故事和人物风采，更能通过自己的书写体验到传统文化的魅力。所有这些，都令北京励志堂科举匾额博物馆的知名度和影响力有了更大的提升。

现在，北京励志堂科举匾额博物馆开展的多姿多彩又针对性强的活动，吸引不少学校的老师和家长带着学生、孩子慕名前往。他们在博物馆中汲取先贤的智慧、精神力量，丰富着自己的人生体验。

每每看到孩子们求知若渴的眼神，看到他们在博物馆的活动中表现出的那种热情和创造力，韩晓燕就特别欣慰，特别有成就感。她知道，吸引孩子来博物馆，不是一件容易办到的事。对孩子而言，手机远比书本更有吸引力，互联网远比实地参观博物馆更有性价比。然而，通过努力，她不但让孩子们来到了博物馆，还让他们爱上了馆里的活动。那时候，她特别感恩，感恩于命运的安排，也感恩于自己的选择。

就像涓涓细流，韩晓燕一点点流出了自己的痕迹。她说，当她如一滴水流淌在民办博物馆的河流里，她便一天比一天更深刻地感受到事业的召唤，那是一种直击心灵的碰撞，让她发自内心地付出爱，付出努力。她也说不清楚自己是如何改变的，仿佛有一种力量，让她潜移默化地，不知不觉地拥有了使命感和责任感。

新生力量

在韩晓燕的努力下，博物馆的收入有了大幅提高，她尽可能地提高员工收入，为员工创造更多学习机会和发展空间，从而吸引更多热爱博物馆事业的优秀人才。馆长助理、研究员吴疆，就是韩晓燕"挖"来的优秀人才。

2023年9月的一天，阳光正好，微风不燥，我在北京励志堂科举匾额博物馆的小院里，与吴疆坐在一张石桌旁，听他讲他与博物馆的故事。

小时候，别的小朋友喜欢唱歌、打游戏或打篮球，他喜欢一个人安安静静地呆坐在家里看书。他特别小的时候就喜欢上了古诗词。他形容那种感觉，就仿佛有一种转世的记忆在他的大脑里面留存，当古诗文一出现在他的眼前时，他的心里忽然就打开了一扇通往过去的门，将他与一个未知的自己联系在一起。后来，他又爱上了篆刻，那些别人看不懂的古老篆书，他一下子便能认出来，像是见到多年不见的老友。

吴疆大学毕业后，在一家国企做人事工作。现实的琐碎没有击碎他心中的梦想，反而让他有了拼一把的动力。2014年，他辞去了自己不擅长也不喜欢的人事工作，先是应聘到北京松堂斋民间雕刻博物馆担任讲解员，开始接触传统文化。在这里，他仿佛打开了新世界的大门，很快融入并乐在其中。半年之后，他应聘到北京汉品正和文化发展有限公司，做了一名职业讲解员，负责孔庙和国子监博物馆的专业讲解。通过对孔庙和国子监的专业讲解，吴疆从零开始学习各种传统文化和国学礼仪，由于能力出众，很快被委派专门负责组织学生工作。

为了研究开笔礼、谢师礼、成人礼等各种国学礼仪，他一头扎进图书馆里查阅文献资料，到孔子的故乡山东曲阜取经学习，向专业的古礼老师请教。他一点点找依据，理线索，一点点复原了这些传统的流程和礼仪，再通过与现代学生的德育教育相结合，让古老文化与时代发展深度融合。2021年，他来到北京励志堂科举匾额博物馆，担任馆长助理和研究员。他利用这里丰富的馆藏资源进行深入探索，研究匾额里的传统文化、中华好家风等相关课题，提出自己的独到见解，并将从匾额文化中挖掘出的大量文史资料，引申到现代生活中，复原和开发了多种国学礼仪仪式。如今，他已经在北京励志堂科举匾额博物馆里，为学校、机关团体做了不下百场的国学礼仪仪式的策划和主持。

因为了解民办博物馆的运营需要大量资金，收益又极为有限,人员工资的投入上应该不会很高,所以我问吴疆:"您有没有从经济收入方面做过考量?"

吴疆告诉我,自从韩晓燕担任副馆长并主持博物馆日常工作以来,博物馆进行了一系列新的尝试。通过依托博物馆现有的资源和条件,成功地开发了多项研学项目,改变了从前门可罗雀的状态。这些举措不仅在收入方面带来了明显的改善,也为博物馆注入了蓬勃生机。所以从经济收入角度来看,虽然依旧比不上以前公司的工作收入,却完全可以满足他的期望。他对于收入的期望并不高,他真正期望的是找到一份适合自己且自己真正热爱的工作,一份让他可以不断成长和提升自己的工作。

讲完他与博物馆的渊源后,吴疆向我介绍了开笔礼。他说在古代,孩子们到了要进学堂或者私塾的年纪,在开学的头一天要早早地来到学校,参加开笔礼。这是孩子们要学习的第一课,学习如何感恩,如何做人。在古代,没有参加过开笔礼就不能算是一个真正意义上的读书人。

我观摩了吴疆引领下的开笔礼。那些六七岁的小小孩童,带着好奇换上红色的直裾深衣,戴上黑色儒士帽。待到吴疆引领他们正衣冠时,原本还嘻嘻哈哈的小孩子一下子就安静了下来,仿佛瞬间便长大了,天真的眉目之间增添了一抹神圣的气韵。

接下来,孩子们仰着稚嫩的小脸,满怀期待地迎接老师在他们的眉心点上一抹朱砂,朱砂有镇定、安神的药用,也有祝福孩子们早开天目,在日后的学习中独占鳌头的寓意。

紧接着,孩子们端正身姿,手握毛笔,认认真真地写下一个大大的"人"字。吴疆带领孩子们诵读《弟子规》,告诉孩子们在日后的学习生活中,如何待人接物,如何认真学习。

最后,吴疆引领孩子们执古礼,拜孔子,拜老师,告诉他们,从此以后,他们就成为一名真正意义上的读书人了,不仅要努力学习,更要知书达理。孩子们挺着小小的胸膛,是那样的骄傲。

吴疆告诉我,对小孩子而言,可能并不能一下子理解开笔礼的深刻内涵,但让他们的学习生涯从一个隆重的仪式开始,从尊师重教的起点出发,这是他们人生中一次重要的体验。他们慢慢会感悟,会理解,会对学习这件事有不一样的认识。在未来的某一天,他们或许会想起自己的生命当中这个美好的片段,应该会感到幸福。

我看到的吴疆带着一抹美好又幸福的笑容,像古代的儒生,披一袭长衫,立于"代起儒风"的匾额之下。

尘迹满松堂:北京松堂斋民间雕刻博物馆

"松堂斋"这个字号,源于李松堂。李松堂本名李伟,相比李伟,李松堂这个名字更为人所熟知,是因为北京松堂临终关怀医院。

李松堂说他一生只做了两件事，一是关怀人的临终，创办中国第一家临终关怀医院，让无数老人在温暖的关爱中，有尊严地告别人世；二是关怀物的临终，举办博物馆，让无数濒临毁灭的文物得以留存于世，让"北平"在现代化"北京"的一隅光彩复现。

"松堂"，原来无论是博物馆还是医院，甚至李伟本人，都如松林间的房舍，无畏寒暑，一直在温柔地、坚定地守护着时光。

北京松堂斋民间雕刻博物馆所展示的石雕木件，绝大多数都是李松堂穷尽60多年的时间"捡"来的。

7岁那年，祖宅拆迁，李松堂眼看着陪伴自己整个童年的一对精美门墩儿就要被父亲丢弃，被建筑师傅砸碎带走，一种锥心的痛让他一下子泪流满面。年幼的他第一次感觉到"难舍难分"是怎么回事。他又哭又闹，无论如何也无法割舍这对"童年伙伴"。父亲一巴掌打过来，打得他屁股生疼。他没有屈服，继续哭闹，大有"人在石墩在"的凛然之气。一连3天，心软的祖父实在耐不住了，命令父亲帮他把门墩儿带到了新家。

这是他此生"捡"到的第一件宝，从此他开始了收藏之路。在北京进行城市改造的进程中，李松堂经常骑着自行车在京城的大街小巷里"踩点儿"，哪条胡同有什么样的建筑构件，他都详细地做好记录。得知哪片要拆了，就赶紧去现场，第一步是想方设法把主人不肯出让的老物件淘换到手，第二步是等拆除的时候把人家扔掉不要的东西捡回家。

1982年，李松堂在一座写着"拆"字的四合院门口，发现一对"太平有象"的门墩儿。他太喜欢了，几次找到房主，想把这对门墩儿买下来，但主人也想留着，一直给他吃闭门羹。他甚至把男主人给惹急了，男主人见他一现身，立刻就关门不见，哪怕他进了院，也会把他轰出来。李松堂不气馁，只要有空就过去看看，看到门墩儿还在才算踏实。一次，他偶然看到那家的小女儿正在翻看集邮册，立即灵机一动，对她说："你要是能说服爸爸把门墩儿让给我，我就帮你补齐你想要的邮票。"最终，李松堂用几十张邮票作敲门砖，把那对心心念念的门墩儿"娶"回了家。

他像个痴子，逢人就赞那些东西的精美，夸它们的难得，他用这些四处捡来的门墩儿、砖雕、建筑雕件，把好端端的家堆成了"垃圾站"。

他开始研究收集来的这些"垃圾"。随着门墩儿越收越多，他对门墩儿的研究也越来越深入。他说："作为中华民族石雕艺术的代表，中国的门墩儿在世界上是独一无二的，它的价值是无法用金钱来衡量的。中国的图腾偶像、民间传说、历史典故、祝福祈盼都被栩栩如生地雕刻在门墩儿里面。"

当他在北京各种拆迁现场捡到并保存下来的门墩儿有 700 多对时，外界已经把他称为"门墩儿大王"了。因为，据日本的门墩儿学者岩本公夫对北京胡同的走访调研得出的结论，北京其他地方品相完好的门墩儿已经不足 100 对了。

在北京进行城市改造的进程中，那些带着无数老故事、老记忆的明清胡同和四合院都要被拆除，李松堂舍不得这么好的东西说消失便消失。他阻止不了社会发展进程里的弃旧迎新，决定以一己之力，尽可能地留住那些美好。

2001 年 12 月，李松堂个人出资，举办北京松堂斋民间雕刻博物馆。最初设立在琉璃厂东街 14 号，是上下两层的建筑，由于面积较小，没有外部空间，常觉得委屈了这些门墩儿、建筑构件，他心里总是空落落的。2008 年，位于国子监街 3 号的四合院装修完毕，他将博物馆迁于此，让门墩儿有门台，廊檐有屋顶，让所有宝贝有该有的地方，也让自己的心有了安定的家。

这座精美、古朴的四合院，就像国子监街上一颗小小的明珠。它曾是乾隆年间（1736~1796）进士徐廷芳的老宅。徐廷芳、其孙徐延泰、曾孙徐旭曾皆为进士，因此有"一门三进士"的美谈。李松堂在 1998 年将它购置下来，后来无偿提供给博物馆使用。李松堂说，这座四合院在改造之前虽然已经破烂不堪，但依然可以在每一个角落的布置、每一个细节的设计上看出原主人的地位、才学、品性和为人处世、治国齐家的理念,他将这些原封不动地保留了下来。

李松堂将自己收藏多年的老门当、屋脊、瓦檐、影壁、门墩儿,悉数用在这座四合院的改造上。房基石是明代的,木雕横梁、彩绘斗拱、四季花卉的木格门,以及门口的上马石、拴马桩等都是清代的。梁柱是用18道工序大砌大码造出来的,地砖是按清代金砖墁地的13道工序,用豆浆、猪血等浸泡出来的。他精挑细选了1000多件老建筑构件,创造了一个"修旧如旧"的典范。

2009年,在东城区文化和旅游局与新浪网共同发起的"北京最具特色四合院"网络评选活动中,北京松堂斋民间雕刻博物馆被评为第一名,成为东城区的一张文化名片。

2015年的一天,我在李松堂馆长的带领下,到博物馆参观。在朱漆大门上看到一副对联:佛道儒邻里,真善美人家。这是李松堂先生自己书写的,表达了这个小院的定位。原来,博物馆东临藏传佛教寺院雍和宫,西近祭祀儒家鼻祖之地孔庙和皇家道观火神庙,果然与"佛道儒"和谐为邻。而"真善美"则写尽了李松堂先生追求极致美好品性的夙愿。

那一日,烟暖雨初收,落尽繁花小院幽,我抚摸着一对元代的花岗岩上马石,迈过雍正年间(1723~1735)刻有一品文官团鹤祥云图案的台阶石,进入了这座小小的四合院。院门过道两边墙上分别嵌有两块带款的"钟馗捉鬼"门神砖雕,是明万历年间(1573~1620)的,栩栩如生,完整无缺,带着独特的气质。

博物馆的展厅分石雕、砖雕、木雕三个部分,远有春秋时期的罗锅瓦以及秦砖汉瓦,近有明、清、民国时期的建筑构件、装饰件、室内摆设和家具,布置得密而有序。门墩儿依然是李松堂的最爱,其中一对是元大都宰相府的门墩儿,图案为赵孟頫绘制的"胡人饮兽""胡人驯兽",可以称得上是门墩儿中的极品了。镇馆之宝则是一块雕有"皇帝巡游图"的宋代石梁,长2.25米,宽0.35米,采用5层镂空透雕的技法,在有限的面积内,有160多个人物和鸟兽花卉,与亭台楼阁精巧组合,呈现出栩栩如生的生活画面,令人叹为观止。

可是很遗憾,就是这样一座美轮美奂的四合院,却在2021年因为改建后的地下室超出原有的设计规划而被整体拆除了。对于一位将一半的心血都扑在博物馆上的年近80岁的老人而言,这样的打击无疑是致命的,可是李松堂注定不是凡人,他是心里有光的人。他没有一蹶不振,而是迅速调整状态,开始重建这座全国第一家以民间建筑、雕刻、构件为展品的博物馆。

在北京的市中心重建一座博物馆,投入的资金少说也得上千万,但他丝毫不在乎,他说他活到这个岁数,早把钱财看作是身外之物了，他要拼尽全力，把北京松堂斋民间雕刻博物馆和那些精美古朴的收藏留给未来。他向我介绍说，新的建筑将集合复古与现代的多重因素，由著名设计师设计，在不久的将来就会重新开放，我国古代艺术品中精美的瓷器和玉器也将同时对外展出。

每一位热爱民办博物馆事业的人，都使出了浑身解数，不畏艰难，不知疲倦，带着对事业、对生活无限的热爱，带着常人无法达到的执着与痴迷，努力把博物馆做到更好。在漫长的岁月里，他们已经与展馆里的展品融为一体，不声不响地表达着爱的力量，生命的力量，拼搏的力量。

我常常能够听到他们的心声：既然选择了远方，便带着朝圣者的筋骨，风雨兼程，沐光而行。

第四章
遗憾离场

民办博物馆人都是英雄，他们拼尽全力，怀着极致的向往，勇敢地走在一条充满艰辛的路上。难免会有折翼之殇，有些是不得已，有些是识时务的选择。这些不重要，折翼的他们依旧是英雄，因为他们曾经拼搏过。

很多民办博物馆都遇到过无数的困难和挫折，像西天取经的唐僧，九九八十一难，难难不一样。在这个过程中，博物馆人得到了来自社会各界的支持和帮助。就是这些肯定与信任，支撑和鼓励着他们一直在以钢铁般的意志砥砺前行。

但是再有力量的飞驰，也会有力竭的时候。少数场馆在无情的岁月里没能坚持下来，就像高空中折翼的飞鸟，以绝美的坠落离场，也以不朽的姿态永恒。

冰心润百年：北京东旭民族艺术博物馆

在我眼里，北京东旭民族艺术博物馆的王东旭馆长，是一个充满传奇色彩的人物。20世纪80年代，他已是小有名气的牙医，工作之余，他迷上了收藏。

大多数收藏家，都会选择收藏价值高的文物，如古瓷、古玉、古画等，但王东旭的藏品，却全部都是老旧的家具，破烂的旧衣物，残损的织片，丑陋的面具。他也因此被人称为"捡破烂儿的收藏家"。然而，他看这些"破烂"的眼神，却比别人看珠宝还要闪光。因为每一件藏品的背后，都有一个鲜活的故事。

一把榆木椅子

北京东旭民族艺术博物馆的门外，放着一把榆木椅子。有一次去拜访王东旭馆长，他让我坐进椅子，给我讲了这把椅子的来历。

1986年，他偶然间听说山西吕梁西部的一个村子出现了青铜人面鼎，于是他就来到了这个偏僻的地方。

王东旭从小听《吕梁英雄传》的故事，对吕梁有着一种天然的亲切感。到了吕梁后，他发现这里是偏远山区，一直是闭塞而贫困的，但淘到老东西的可能性非常高。王东旭高兴极了，暗下决心要"满载而归"。

他费了不小的力气，终于找到了那个青铜人面鼎。立耳、深腹、柱足、耳侧有简化的夔纹，腹饰人面，耳部下有手爪。从器型和纹饰的特点来看，至少是元代以前的。王东旭将它捧在手心上，对着阳光翻来覆去地仔细看。

那古迹斑斑的铜锈，仿佛有着一腔欲语还休的心事。如果他不是在其他地方见过有人用刀片将真实的铜锈刮下来，以胶水混合少量泥土黏到青铜器表面上，再深埋地下数月之久，制造出与经过岁月风化几无二样的铜锈，他可能就信了。

他大失所望，但很快又恢复了信心。他想到，梁思成、林徽因夫妇与费正清夫妇曾经相偕到吕梁考古，对那些经受了岁月洗礼的老建筑情有独钟。建筑构件的结构常与家具构件相似，这里的老家具也可能有独到之处。

于是他没有离开吕梁，而是雇了一辆马车，一个村子一个村子挨个跑。

这一天，他和车把式从早上 8 点出发，忙到快下午 4 点，跑了四五个村子，收了一车的老家具。

中午他就吃了点自带的当地石头饼，因为怕车把式扛不住，把仅剩的牛肉干全给他了。现在，王东旭饿得前胸贴后背，都有点低血糖了。

他对车把式说："不行了，得就近找个人家，弄点吃的去。"

车把式一声吆喝，老马便接到了指令，马蹄踏得飞快，沿着弯弯曲曲的山路，径直把他们带到一个高大的院落前。

院子的围墙由山石垒就，看似凌乱，实则排列有致。树叶铺了一地金黄，树枝上的叶子还没有落光，树影投射在围墙上，显得更加斑驳错落，营造出一种别有韵味的意境。高台阶上，陈旧的木门微掩着，仿佛将岁月隔成了两个世界。

与周边的土墙土屋相比,这应该是个富贵人家,至少昔日曾经有过辉煌。

王东旭叩响了锈迹斑斑的门环,听着沉闷的声响回荡在这空旷的环境里。没有人应声,他只能试探着走了进去,见到了那个老人。

皱纹形成的沟壑布满了脸,脸颊和眼眶都已深陷,几乎就剩一层皮了。牙齿已经全掉光了,瘪着的嘴变成一条缝。头发也不多了,可以清晰见到头顶的头皮,并且没有一根黑的,在脑后挽成一个小小的雪白的髻。穿着青色大襟褂子,黑色裹脚裤,尖尖的小脚鞋。身体佝偻着,团坐在一把榆木圈椅上。目光却不混沌,甚至可以说是炯炯有神。

不知是什么压迫了他。也许是经年的岁月,让老人自带一种强大气场。他居然有点心虚,壮着胆子才把想买点吃食的话说出口。

老人明显听不懂他说的话,直到听车把式翻译,才从圈椅上下了地。那动作不说敏捷,至少是轻巧,果然不像俗人。王东旭不由得肃然起敬。

老人径直走向屋角的灶台,从最里侧放着的一个旧竹篮里,摸出两个黑黑的粗面馍,为他俩倒了两碗开水,还取出一个玻璃罐子,把里面仅有的一点点白砂糖刮进碗里。

可能是好久没见到陌生人了,老人非常高兴,死活不肯收他的饭钱。他只好示意车夫，偷偷把钱压在那把榆木圈椅的坐垫下。

老人坚持送他俩出来，看到门口的马车，径直走了过去。

她绕着马车转了两圈，认真地看着满车的家具，似乎在思考什么。然后，她站到王东旭面前，比画着说，我那把榆木椅子，你收不收？

可以收，但得是一套4把，至少也得是一对。椅子得成套才有价值，不像其他古玩，孤品更值钱。

可是老人摇摇头说，就这一把。

原来，这把椅子是她妈妈的陪嫁。她13岁时，这把椅子也成了她的陪嫁。原本是一对的，从她嫁过来的那一天起，她和夫婿就一人一把，坐在椅子上吃饭，坐在椅子上聊天。

老人拉开了话匣子，说起来没完。

车夫虽是本地人，但和老人的口音还是有很大差别的，只能翻译出大概。王东旭却听进去了，感受到了，也理解了为什么老人会在她的夫婿去世后，将另一把椅子烧掉，一并葬进了他的墓穴。

老人原本想的也是等自己百年以后，和这把椅子一起烧了。可是日子一天天过去，她每天看着这把孤零零的椅子，越来越觉得凄凉，越来越觉得难熬。

不如你把它带走吧。老人喃喃地说。

王东旭请求车把式一起把那把椅子装到车上。疲惫的车把式不情不愿地只好重新装车。确实是太费劲了，已经装了满满一车的东西，要想再加把椅子，就只能卸掉一部分，再搭积木一般重新咬合着装上，才能让这些支棱的家具都有个差不多的位置，不至于半路上给颠下来。难怪车把式一脸的不高兴，这一天的活，真的是太累了。

坐回马车，他们满载而归。

王东旭不由得回过身，想再看一看身后的村庄。忽然看到远处有一个瘦小的身影，正急匆匆地往这边赶，一边赶一边嚷嚷着什么。

是那个老人。王东旭赶忙叫停马车，跳下来等待。

老人急急地赶到近旁，眼神犀利，紧紧盯着马车上那把木椅，半晌不说话。忽然抬手指指它，又指指脚下，态度坚决又蛮横。

车把式这回是真的急了，通红着脸跳下车，说老太太您怎么这样，哪有卖了东西还后悔的。刚刚就不要卖好了，自己还费那么大劲讲故事。

可是王东旭心软了。老人的神情刺痛了他，他无法正视老人那头在风中凌乱的白发。他恳求车把式，再卸一次车吧。

椅子回到老人的身边，她没有动，而是拉着王东旭，示意他等等。

老人伸出僵硬的、苍老的手，抚摸着这把比她还要苍老的椅子，从扶手，到椅背，到椅子腿，一寸一寸地抚摸，像她最后一次抚摸爱人的脸庞，像在抚摸所有的过往。然后，她坐了上去，又如在家里一样，团成了一个小小的团，闭上眼睛，沉默。

许久，老人突然睁开了眼睛。她轻巧地跳下椅子，冲默立在一旁的王东旭用力地挥了一下手，说了一句：走吧！

然后，头也不回，迈着蹒跚的脚步，笃笃地走了。她消失在村口的时候，夜色正像墨水一样，在宣纸上氤氲开了。一点点地，由浅及深。

那天，我坐在这把椅子里，蜷起身体，感觉到风吹在脸上，吹乱了我满头的发丝。

藏品背后的故事

这么多年过去了，王馆长的声音还是时常在我耳边回荡。他说他收藏的不是破烂，而是一段段真实的历史，是"物"背后的人类情感和智慧，是无法用金钱衡量的岁月的礼物。

有一次，我周末带孩子到郊区游玩，顺便到北京东旭民族艺术博物馆参观。算是一次巧合的邂逅吧，我不仅亲身体会到一件文物的收藏价值，更明白了王东旭的心里驻着一份怎样深厚的情感。

应该是2011年初秋，我去的时候正好遇到王馆长在接待一位年轻的学生。男孩黑瘦黑瘦的，带着初出茅庐的青涩，与他说话，还害羞得不太敢回答。王馆长告诉我，孩子是侗族人，刚刚考上北京的大学，还不太认路，就带着族人的嘱托，来博物馆"探望"一件展品。

那是一件庄重又威严的对襟外套，黑得发亮的布面上有金色丝线绣的龙纹，下摆处缀12根花带，上面镶满羽毛和薏米壳。衣服很旧了，沾染着岁月的痕迹，却没有一丝残破。衣襟上、袖子上，一共绣有8条飞翔的龙，形态各异，栩栩如生，在灯光的照射下闪着金灿灿的光，仿佛把黑色的衣服变成了神秘的天空，甚至一下子让周围的展品都黯然失色。龙是中华民族最古老的图腾之一，自秦汉之后就成为帝王或皇室的象征。旧时，只有皇袍上才可以绣9条龙，这件衣服上却出现了8条腾飞的龙。

王馆长告诉我这是侗族龙衣，是族长以前求雨时穿的"礼服"。

王馆长让我走到跟前去细看，问我有没有什么发现。我说我感觉衣服非常硬挺，刺绣的针法与我从前见过的都有所不同，有点像水族的"马尾绣"，又有侗族"盘轴滚边绣"的特点，但与两种绣法又不完全一样——我曾经在以四大名绣及一些少数民族刺绣为主题的纪录片中担任过主持人，并撰写解说词，对中国传统刺绣也算有一定了解。他见我略懂一二，笑容里充满了赞赏。

他说，你说对了，这件衣服之所以不同，一是黑色布面是当地纯手工制作的棉布，以牛角、牛皮、鸡蛋清加水熬成的胶来浸透，再经过无数次捶打，让它变得又亮又硬，不但防雨防蛀，还防岁月的侵蚀。二是缘于这些龙的绣工，至少是 100 年以上的工艺了，现在早就已经失传了。历史上，很多少数民族全是靠手工制作衣服，拥有很多精湛又独特的工艺。其中的刺绣，不同的少数民族，不同的地区，甚至不同的部落之间，都有不同的绣法。它们一代代传承，一代代完善和改变，谁也说不清在我国民间到底有多少种绣法。可是随着工业的发展和社会的变迁，很多手工技艺都已经失传了，保留下来的老物件也少之又少。王馆长走遍云贵少数民族地区，也没见过第二件这样绣工精美的绣品。

王馆长告诉我，他是在 20 世纪 90 年代初，在一个侗家人家里遇到这件龙衣的。那时候，它正被一个美国人拿在手里，美国人掏出了兜里所有的钱，几乎是强塞到"主人"——一个 30 岁出头的小伙子手里。

王馆长说，当时他的眼泪都要流下来了。他的口袋里还有 500 元钱，这在那个绝大多数工薪阶层的月收入也就几十元的年代，怎么也是一笔巨款了。可是和美国人拿出的那沓厚厚的钞票比起来，却显得微不足道。

他要流泪，是因为他恐惧。就在不久前，在一个旧物交换市场，他也是这样，被一件苗家传了几代的衣服所打动。以他那些年走南闯北的经历，他一眼就认出那件衣服上的刺绣不但是高品，而且应该也是孤品。

可是彼时，同样也是这样的一个外国人，拿着比他多了不知多少倍的钞票，傲慢地把衣服从他手里抢了过去。当时他也急红了眼，拉着那位苗族人拼命劝说，求他千万不能卖给外国人，不能把老祖宗的宝贝让外人带出国去。到后来，他甚至给那位苗族人跪了下来。

他说，没有其他办法，因为他拿不出更多的钱，但七尺男儿跪天地跪祖先跪国家一点不丢人。然而，他的一跪只是减缓了绣衣异主的过程。几天之后，贫困的苗族人还是抗拒不了外国人手中的巨款诱惑，将那件绣衣换成了美元。

彼时，仿佛旧日重现，他同样处于囊中羞涩的劣势。他冲上去，抓住衣服不撒手。

他对侗家小伙说，他知道这件衣服的珍贵，贵到多少钱都不足以将它交换，所以那位外国人给的钱太少了，坚决不能卖。他说他也没有那么多钱，他手头只有500元，他愿意全拿出来当作定金。他饿几天肚子，他要饭返程都没关系。

他说我给你留电话，求你把这件衣服卖给我，将来任何时候想收回来，我都原样奉还，但你要是让外国人买走了，就永远别想再见到它了。

他告诉我说,那个时候他不抱希望,但他绝不放手。他都要失去理智了。

可是现实是,年轻的侗家小伙子同样抗拒不了那厚厚一沓钞票的诱惑。

争执间,小伙子的父亲回来了。一进门就跟小伙子急了。这件衣服虽然在他家存放了很多年,却绝不属于他家,而是属于全寨子的,谁都没有资格将它变卖。老人毫不犹豫地把王东旭和那个外国人一起赶了出去。

后来,王东旭还是不放心,怕他们会把这件衣服卖掉,只要有时间他就会去看一看,念经一般跟老人聊这件衣服的珍贵。去的次数多了,与寨子里很多老人都处成了朋友。2008年,北京东韵民族艺术博物馆成立后,他特意邀请老人们来北京游玩,到博物馆里参观。再后来,由于这件"龙衣"放在谁家里都不能让全寨子人放心,于是所有德高望重的老人聚到一起,开会商议了无数次,最后集体郑重决定把这件珍贵的"龙衣"无偿捐赠给王东旭。这么多年来,他们知道王馆长对藏品"只收不卖"的做法,早已经认可了王馆长的人品。他们相信,这世界上只有王东旭可以护他们的"龙衣"周全。

每当寨子有人来北京,无论是出差、求学还是路过,无论时间多么紧张,路途有多遥远,都一定会带着族人的嘱托到博物馆里看一看它。

　　我国的56个民族中，有很多民族曾经世世代代生活在有限的区域内，用各自独特的语言交流，独有的民族文化充满想象力和神秘色彩。他们的衣服全是靠自种、自纺、自织、自染、自绣、自制而来，其中的技艺靠口传心授，带有独特的民族特色。他们没有自己的《史记》和《汉书》，保留下来的衣物用品便是他们的"无字史书"。王东旭希望尽可能多地留下这些珍贵的实物，就算不能追溯从前的历史，也可以等到将来社会发展了，有了更高科技的手段，来破解其中的奥秘，复原那些古老的神奇的技法。

　　就这样，王东旭在很多年里拼尽全力地搜寻和收购了很多少数民族地区的生活用品，尤其是刺绣精品。其中，一件苗族的服装，来自贵州省丹寨县龙泉镇一户邰姓人家，是这个苗族家庭一代代传下来的。外婆传给妈妈，妈妈传给女儿，已经传了十几代了。

　　过去，丹寨地区交通不便，生活条件因为封闭而落后，染织、刺绣材料匮乏，丝线的成本很高。虽然苗族内部有贫富差距，但富足大户并不多。邰家母亲这一支，曾是当地的大户，人丁兴旺，儿孙满堂。

　　据说邰家的嫁衣有灵性，穿它出嫁可以早生贵子，可以庇佑一家长寿富足，所以附近的姑娘们出嫁时都会来借它穿上3天，以求吉祥，再备厚礼上门归还答谢。在100多年的时间里，这件嫁衣传遍苗寨的十里八乡，陪伴着无数个姑娘出嫁，被当地人称为"百嫁衣"。

还有一件精美的绣品，来自贵州省毕节市织金县，织金县曾是国家级特级贫困县。绣品的主人是单亲母亲，患有氟骨病，双下肢都没有小腿，生活的困苦可想而知。她是一个坚强的女人，在两个膝盖上绑了被人丢弃的解放鞋鞋底，每天如正常人一般上山砍柴，下地插秧。夜晚降临，3个可爱的女儿写作业，她就坐在旁边穿针引线，绣出一幅幅色彩斑斓、形象鲜活、美轮美奂的刺绣作品。

日子过得很辛苦，可是她脸上始终洋溢着幸福又满足的微笑，所以她的刺绣作品都是带着美好的寓意，每一针都流淌着爱。她对王东旭说："娃娃们听话，学习也很好，我累点也高兴。"她说，再苦，也要把孩子供出来，不让她们像她一样生活。

……

一件件织物编织着经纬，也织就着一个个民族的特有气质。走到每一件展品面前，王东旭都会声情并茂地讲述一段深情的故事。这些隐藏在藏品背后的故事，就像尘封的老酒，一旦开启便令人沉醉。在他眼里，这些藏品都是无价之宝，因为它们背后，全是沉甸甸的爱，沉甸甸的情感。

王东旭馆长告诉我，在20世纪90年代初，他去少数民族地区收购的时候，人们还没有文物保护的意识，也不觉得自己家里这些司空见惯的，传了多少代的，破旧的东西有什么价值。而且，在当时国家的文物政策下，在大众的普遍认知里，这些东西也够不上文物的级别。所以，很多珍贵的东西都流失了。但他知道，这些都是民间传了多少代的，一件是一件，丢了就再也找不回来了。他经常会遇到法国人、美国人、日本人，他们同样喜欢那些民族服饰，还远比他有钱得多，也在大量收购，他几乎是拼了命地在跟他们抢。他说，100多年前八国联军的掠夺，让中国那么多珍贵的文物现在只能出现在卢浮宫、大英博物馆里。他不想让那样的情况再出现，就算个人的能力有限，拼尽全力了才不后悔。

艰难的起步

张月娥是王东旭的远房侄女，从1997年开始就跟随王东旭一起筹备成立博物馆的工作。从最初对王东旭的上万件藏品进行分类和登记，到后来跑手续、建场馆、布展、开馆、组织活动，她始终陪伴在王东旭的身边。2023年，为写作本书，我再次采访了张月娥，请她带着我一起回忆那些过去的岁月。

2004年，北京东旭民族艺术博物馆正在筹备成立，为了完成布展，王东旭特意请了5个木匠，对收藏的老物件进行修复。

那个冬天出奇的冷，北风咆哮，困兽一般歇斯底里，玻璃窗被拍打得呼呼作响。

盼归的太阳在遥远的天边早早沉了下去，带走了一天里最后一点余晖，也带走了最后的温暖。屋子里面就更冷了。偌大的房间空空荡荡，没有开灯，光线由昏暗变得黑暗，王东旭落寞地坐在黑暗里，抱着一大罐刚满上的热茶，坐在火炉前发呆。

当时，城市里已经很少有家庭用煤了，但这里是农村，家家还在靠烧煤取暖和做饭。

炉煤质量不是太好，一加热就有很多炭渣子，很快就会堵了火眼。噼里啪啦的响声不时拉回王东旭的思绪，他将火炉上的热水壶拎下来，再用铁钩子在响个不停的炉膛里扒拉一番，防止炭渣把炉子熄灭。

时间在缓慢地移动，每一秒都会踏出一步，沉重又义无反顾。王东旭听着自己的肚子咕咕乱叫，看着墙上的挂钟，再转头看向厨房，终于盼来了月娥的身影。

月娥按亮了餐桌上的灯，端来两碗酱油拌饭和一碟连点油腥都没有的腌萝卜条，放在餐桌上。

"今天咱们还是得吃酱油拌饭，韦馆长说明天会送些油和肉来，等她送来了东西，咱们就可以包白菜馅饺子吃了。"韦馆长是中国民族博物馆的副馆长韦荣慧，了解王东旭为筹建博物馆已经把日子过得捉襟见肘，时常送些食物来接济一下。

的确已经快弹尽粮绝了。馆里只剩一些冬储的大白菜和胡

第四章 遗憾离场

萝卜了，几天前就已经没油了。

"太好了！给黑妞它们也改善改善。"王东旭看向窗外，眼神里充满惭愧。狗舍里，瑟瑟发抖的5只狗正挤成一团取暖。

"小叔，咱还是先顾好人再顾狗吧。"月娥露出一抹苦笑。酱油拌饭，他们已经吃了一个多月了。一开始，还能用葱花炝锅炸香了再拌，这两天没油了，就直接倒上了酱油。

幸好，工人们已经完工离开了，不然非得罢工不可。王东旭请工人的时候，许诺说管吃管住，一完工就给结工钱。可是活干完了，并没有那么多钱给人结账，王东旭不得已又去找朋友借了钱才算过关。

月娥精打细算，脑子里都要长出算盘珠子了。工人修复藏品时，他们7个人与5只狗，一个月的生活支出只有500多元。

5只狗是这座小院的"保安"，也刚刚吃过饭，应该是没吃饱吧，呜呜低叫着，在呼啸的野风里越发显得凄凉。

村里有个饭馆，每天会把剩饭剩菜倒进两个木桶里，月娥定时去收，这就是几只狗一天的伙食。

"别看黑妞它们吃得少，有事的时候是真上。"小院坐落在孙河乡前苇沟村西北口，守着进村的公路，总面积有2000多平方米，月娥告诉我："还指着它们捉老鼠，吓退那些向小院探头探脑的黄鼠狼和小偷呢。"

当然，"保安们"这种勇挑重担、不计回报的精神令人欣慰的同时,也让王东旭更加愧疚,"它们太不容易了,跟着我吃苦了。"他时常这样对月娥说。

月娥告诉我,她曾不止一次地建议,希望小叔卖点东西度过这段艰难的岁月。

但王东旭总是会念叨着:"会好的,放心,小叔会想办法。"然后就没有后续了。

那一天也一样,吃完饭后,王东旭带着月娥走到了位于院东的房子前,打开房门上的锁。

房间的灯一盏盏亮了,像一幅古老的画卷徐徐铺展开来,一个富丽堂皇的世界出现在他们面前。各种精美的刺绣和蜡染的织物与服装,各种披金带银的服饰与头饰,挂满四周的墙壁和中间的隔屏;各种造型独特、庄重古朴的家具和生活用品,在场地依次排列开来,房间很大,堆积得满满当当。

这不是一个房间,这是一座宫殿,一个帝国,这是一个完整的世界。

月娥说,小叔原本有些佝偻的腰背立刻挺直了,眼睛里闪过熠熠夺目的光。他每次都是这样,一走进博物馆的展厅,就成了这个世界的王,周身散发着自信且不可战胜的力量。

王东旭昂首挺胸,从房间的最西边一直走到最东边,又掉头走回最西边,站定在月娥面前。他想了想,又转过身去,从最西边走到最东边,再绕回到最西边。走了两个来回,最后,他叹口气,面露苦色地看着月娥。那一刻,王东旭无奈的表情深深地印在了月娥脑海里。

那两年是他们最苦的一段日子。那时候,王东旭刚刚在这片租来的4.5亩的农村土地上建起房子。他曾经在中日合资的装潢设计公司干过6年,负责管理兼设计,这次他亲自规划、设计了整栋建筑的构造,把房子建得既艺术又实用。北房是两层小楼,算生活区,有500平方米。东侧是他装满奇珍异宝的"王宫",占地600多平方米。这个浩大的工程几乎花光了他所有积蓄。

展厅已经布置完成,但北京东旭民族艺术博物馆还在申请之中,是一个宏大美好又几乎伸手就可以触碰的梦。曾经,王东旭是京城小有名气的牙医,做过广告公司的老总,出手阔绰。而彼时,他正守着上万件与少数民族服饰和生活用品有关的藏品,饥一顿饱一顿地过着最富有的贫困生活。

"小叔的小学同学、友谊医院耳鼻喉科主任朱小明,每月会帮着交水电费,时不时也给点零花钱;中国民族博物馆副馆长韦荣慧,逢年过节会送些粮油;村书记邵希荣的父母隔三岔五地送盘饺子和菜团子。"说起这些人的帮助,月娥至今都带着敬意,"没有他们,真不知日子能不能过下来。"

"后来条件就改善了。"月娥告诉我,王东旭为当地做了一个 20 亩地的整体旅游规划:在博物馆南侧,依托原有的玻璃厂旧厂房,改建成小剧场,可以演出节目;在原生产队的队部东侧,新建 3 座四合院,可以接待住宿;在距离村子三四百米处,建一片占地 15 亩的蒙古包群饭店,可以解决餐饮的问题。在王东旭的规划中,这个距北京市中心 20 多千米的普普通通的小村庄,将成为一个集吃住与参观为一体的旅游胜地。

2006 年,蒙古包饭店建成后,一度成为当地最热闹的场所。厨师、服务员都是从内蒙古请来的,食材也全部源自内蒙古,想在这里吃饭得提前一周预约。

为筹备北京东旭民族艺术博物馆,王东旭带着月娥整整忙了四五年。从盖博物馆馆舍,到整理、修复藏品,到给藏品编码和布展,再到设计周边项目带动未来博物馆发展,王东旭未雨绸缪,把所有的精力都用在这上面。

2008 年冬月,北京东韵民族艺术博物馆正式开馆并对外开放。2014 年,名称更为北京东旭民族艺术博物馆。由于对少数民族地区民间文化的深入理解与介绍,再加上王东旭独特的故事视角,博物馆一成立,立即引起文博界和社会的重视。不少人从外地赶来参观,有些外国网站也在报道,很多外国游客来中国的目的之一,就是来听王东旭馆长讲故事。他们从机场直接乘车到博物馆参观,参观完后到蒙古包吃饭。

可是计划总是赶不上变化。2009年,因国家储备用地,当地进行拆迁,刚刚建成还未装修的小剧场和四合院没有来得及投入使用就被拆除了。所幸蒙古包拆迁时,王东旭因为拥有部分股份得到一些拆迁补偿款。他将这些钱用来偿还历年欠下的账,剩下不多的钱又收了一些文物。

在这期间,因为忙碌,也因为压力过大,王东旭几乎很少回位于西城区的家。他的爱人一开始会时不时过来看看,但是看到他把好端端的日子过成这样,饭都吃不上了,还在一意孤行,气得也很少来了。

说实话,一开始我对王东旭也不是很理解。

作为一个曾经拥有很高收入、拥有令人尊敬的社会地位的人,怎么可能会心安理得地接受朋友的资助过日子?

以王东旭的能力,随便设计一个投资项目,就有巨大的市场反馈,想挣钱,想解困,还不是手到擒来的事。他为什么死守着个博物馆,而不去想更多的办法去开源?

据保守估价,他的藏品价值在1亿元以上,随便卖掉几件就可以解燃眉之急,可以让他过得不至于捉襟见肘。他何以一件都舍不得卖掉?

月娥告诉我,王东旭把所有积蓄都花在博物馆建设上了,之所以坦然地接受着朋友的资助,是因为在他心目中,尊严也要为藏品让路。为了把博物馆办下去,不流失一片布头,他可以流尽最后一滴血,尊严又算得了什么!

他可以设计与博物馆相关的项目,但其他挣钱的项目他已经不动心了。一是博物馆耗尽了他全部的精力,其他事真是干不动;二是与博物馆无关的事,他再也没了兴趣。

他是不会卖掉任何一件藏品的,那都是他的儿和女,他的血与肉。

几乎每次我去拜访王东旭馆长,他都会在带我参观之后,指着满屋子的展品,自豪地说这里的很多件藏品都是孤品。有很多非常精湛的民族工艺现在都已经失传,只能在这里看一看它们的样子,再没人能做出来了。

那个时候,这个男人周身都散发着光芒,就像一只雄鸡站在高台上,全世界的晨光都属于他。博物馆将他变成困兽,他却趁势羽化成仙。

折翼之殇

王馆长和月娥经常在馆里接待游客。游客在参观之余一起包饺子、听故事,通过博物馆里的藏品了解更深、更有意思的少数民族文化。这些正是王馆长从前的设想,他总是累并幸福着。

有一件事让他着急上火。博物馆的展厅毕竟有限,有些展品因为在展厅内没有立足之地,便被摆放在院子里,还有大量收藏品积压在仓库中不见天日。

摆放在院子里的基本上都是家具，躲不过风吹日晒、雨淋虫蛀，已经起皮变形。仓库中的藏品受潮严重，很多织物开始发霉腐烂。还有展厅内的展品，因为展厅的温湿度不合适且长时间暴露在外而出现各种状况。所有这些，都亟须对藏品进行彻底的养护，如果再不人为干预，藏品的毁损将无法逆转。

然而，在全国范围内，真正能够做文物修复工作的专业技术人员本就少有，国有博物馆尚且缺乏，何况民办博物馆。王馆长也不敢奢望，他能做的，就是先把库房中受潮严重的藏品取出来晒一晒。说起来容易，却是极累的活儿，需要把整个仓库都倒腾一遍。人手太少，只有他和月娥两人，月娥力气小，而他也已经64岁，干不动太重的活儿。真是应该请人帮忙，但需要资金，他可没有多余的钱。

那个时候是2014年，月娥的女儿已经上幼儿园了。他们一家三口同王馆长一起，都住在博物馆的小院里。日子虽然依旧艰苦，但孩子活泼可爱，祖孙三代其乐融融。12月5日这一天，到了该接孩子的时间，月娥忙完库房里的活儿，问王馆长晚上想吃什么，以便在接孩子的路上顺便买回来。王馆长已经累得腰都直不起来了，只说想吃炸酱面，让月娥顺便捎袋酱回来。

谁能想到这是王馆长最后的交代。5时许，月娥接回孩子，刚一进院，就听到房间里有异常响动，赶紧放下自行车跑过去看，王东旭馆长已经摔下楼梯不省人事。这一碗炸酱面，他到底没有吃上。只能说，如此纯粹又执着的一个人，上天也爱。

王馆长下葬那一天，天气特别冷，博物馆界的很多同人都自发去为他送行。我也跟在送行的队伍中，泪流满面。想起我曾经建议他把每一件藏品都做个口述记录，为此还专门为他买了一支录音笔，却没能来得及送给他。还想着等自己有时间了，就跟在他身边，把那些藏品背后的故事一一记录下来。一切的一切，都没来得及实现。

王东旭先生于我而言，是老师，是前辈，也是兄长。我敬佩他对收藏事业水一样的柔情，对博物馆事业山一般的坚毅。他的精神更像一种图腾，鼓舞和激励着我，以及很多民办博物馆人坚持不懈地努力。那一天，我填写了一阕词，以纪念那个在我心目中英雄般存在的生命：

《菩萨蛮》

玉龙哀曲深霾怨，野塘孤雁西风远。把酒落花残，弄歌烟雨寒。珞巴林路险，佤寨归来晚。热血洒千山，冰心润百年。

王馆长的猝然离世，让这家本就艰难维生的民办博物馆失去了顶梁柱。他的爱人那一年也已经61岁了，突然接手这么难运营的一家公益组织，可不是小事，无从下手也是可以理解的。何况收藏是王馆长的爱好，并非他爱人的爱好。北京东旭民族艺术博物馆的事业，走进了死胡同。

为了让王馆长的藏品可以有个好的归宿，不至于因此而散失，当时博物馆界各方都在积极想办法。最好的办法是整体捐献给一家机构，这样能够实现藏品的完整性，不至于散落到世界的各个角落。中国民族博物馆有意接纳，在月娥的配合下，藏品已经全部清点标记并打包完成了，后来却不知何故半途而废，最后不了了之。

月娥20岁来到王东旭身边，31岁结婚，33岁生孩子，始终没有离开过博物馆，陪伴着王东旭度过了每一个艰难的春夏秋冬。她是他真正的左膀右臂，是他得力的助手，更是贴心的小棉袄。

离开北京东旭民族艺术博物馆后，月娥从事品牌家具定制工作。她告诉我，这只是她的谋生手段，她的最爱，还是博物馆事业。工作之余，她还是会回到博物馆行业里，参与一些力所能及的工作。现在，她在中国人类学民族学研究会博物馆文化专业委员会办公室协助做一些协调工作，在羊儿岭乡村活态博物馆建设和北京展览馆建馆70周年馆史展等公益项目中，利用自己的所长发挥一些作用。在王东旭的影响下，她对各民族服饰特点、民族风俗、绣品针法都有了很深的认识，成了研究少数民族文化领域的专业人士。她说，她已经与博物馆事业融为一体，永远不会分开了。

2020年6月，北京东旭民族艺术博物馆因无力维系，被撤销登记。由此可以看出，民办博物馆基本上是收藏家倾尽个人力量举办的，虽然是理事会负责制，但作为馆长或法定代表人的收藏家个人，基本是靠个人的力量影响着博物馆的日常管理和发展。也因此，若这个人出现状况，博物馆将难以为继，除非如古陶文明博物馆一样，路东之先生猝然离世，作为副馆长，同时也是路东之夫人的董瑞勇敢地接过重担，克服重重困难继续带领博物馆前行。这也是为什么观复博物馆的马未都先生会提前布局，让理事会发挥真正的作用，在没有他出面的情况下博物馆也能正常运转，而不是仅靠他个人的力量。

2019年6月，北京市文物局组织"北京非国有博物馆座谈会"，北京百年世界老电话博物馆馆长车志红提出："文物与藏品的自我分级，要做好与国家管理对接的准备，做好藏品背后故事的发掘与整理，让藏品不至于因收藏者本人的变故，而变为一个普通的物件。对于收藏人来说，时间已经很紧迫了。"何止紧迫，对北京东旭民族艺术博物馆而言，已经太晚了。那些价值无法估量的珍贵民间文物，已随着王东旭先生的离开，变成一件普通的衣服，一件陈旧的绣品，一件破残的家具，不再拥有灵魂，而消散于这个世界的尘埃里。北京东旭民族艺术博物馆里记述的少数民族文化，也已随之化于无形。

王东旭馆长离世已经10年了，关于北京东旭民族艺术博物馆的过往，关于王东旭馆长那些美好的收藏故事，都已经少有人提及。从前在网上一搜还能很容易找到的信息，如今也难觅其踪了。

久远的时空里，无数生命来过又离去，出现又消失。于是悲观的人说，人生没有意义。99%的人在三代之后就会被时间遗忘，他们存在过的痕迹都将被抹去。于是思辨的人说，生命其实会面临三次死亡，第一次是肉体死亡，也就是心跳停止；第二次是这个世界上最后一个记得你名字的人也去世了，从此世上再不会有人提及你；第三次是所有关于你的记录都消失了，包括视频、照片、文字等，从此，世界上再也找不到关于你的任何信息。于是豁达的人说，人生只是一场会被淡忘的旅行。

怕岁月在时间里沉浮，终将让一切变得无从考证，便将北京东旭民族艺术博物馆，这个殿堂一般的神圣之地，永远地封印在心里，也封印在这些苍白的文字里。

瓷碎留微声：北京睦明唐古瓷标本博物馆

其实，民办博物馆的每一天都像是在打仗，民办博物馆人便像是背负着炸药前行的勇士。有的人闯关成功，或者说还在一关一关地接着闯，而有些人，则闯关失败。

北京睦明唐古瓷标本博物馆成立于2002年5月，理事会中的 3 名理事都承担了重要的责任，然而依旧在现实面前败下阵来。

这一切，要先从北京睦明唐古瓷标本博物馆那些轰轰烈烈的过往讲起。

馆长白明，是北京收藏界有头有脸的人物，被业内人士称为"片儿白"，从 20 世纪 80 年代开始收藏，主要收藏古瓷片。中国古代陶瓷烧造窑口 80% 已经消失在历史的洪流里了，这些窑口曾制作了无数精美的瓷器，但能传世的却是少之又少，有些窑口甚至难觅完整的器物，只留下只瓷碎片，成为记录那段辉煌岁月的吉光片羽。白明收藏的藏品包括唐、宋、元、明、清等各个朝代的古瓷片 6 万片以上。虽然只是一片片古瓷残片，却可以系统地拼接出一部完整的中国古代陶瓷断代史。从这些瓷片可以窥见曾经的古瓷器和已经消失于世的古窑口。专家认定它们"残而不失其真，残而不失其美，残而不失其价，残而不失其师"。

在举办博物馆之前，"片儿白"收藏的瓷片全搁在家里。小小的房间里，床底下一筐接一筐，十几个鞋架上也塞得满满当当，厕所里、阳台上、目之所及、步之所至，全被占领，就连兜里和枕头边也总能摸出一两片瓷片。那时候，为了清洗瓷片，他家的用水量比全楼的用水量都多，他的两只手被泡得脱了皮。他多想有那么一个场地，让他把这些宝贝系统地展示出来。他什么都不用干,就天天和它们在一起,有感兴趣的人来看,就一起交流研习。

可是他的所有可用资金全都用在收藏上了,生活已经不能再简朴了,实在没有财力再为这个美好的愿望买单。

很幸运的是,他的两位好朋友姜宇和陈浩瑞也对古瓷收藏情有所钟。他们一拍即合,共同出资成立了北京睦明唐文化交流有限公司,专门在公司的一个小茶楼内辟出一个展示瓷片的角落。小小茶楼因此特色而广受好评,无论是茶友还是瓷友都喜爱流连其间,品茗赏瓷,交流心得。这是北京睦明唐古瓷标本博物馆的初期阶段。

随着民办博物馆开始在文物管理部门备案并在民政部门登记注册,三人决定成立一家博物馆,让"片儿白"的收藏品有更好的展览方式,有更大的用武之地。2002年5月,三人以北京睦明唐文化交流有限公司的名义,出资设立了北京睦明唐古瓷标本博物馆,由白明担任法定代表人和馆长。

"片儿白"像做梦一般实现了愿望。他把他收藏的历代名窑瓷片、珍贵古瓷器、文房用具、茶具、玉器、书画等,编成一段完整的中国陶瓷发展史,如电影般呈现在东城区东花市北里东区的一间半地下室里。他将400多平方米的空间划分成不同的区域,设立了展览区、触摸区、网络区、饮茶区、研习区和阅览区,以茶润物,以瓷会友,每天忙得不亦乐乎。

最主要的展品是古瓷片，时间跨度从五代十国至清代，以宋代五大名窑和明清官窑为主，兼有元、明、清民窑珍品，日常展出1200余件，并根据临展主题变换展出内容。其间，"片儿白"还先后主持举办了"汝窑专题展""文玩清供展""圆明园出土文物标本展"等专题展览，在收藏界和博物馆界轰动一时。

这家博物馆曾是古瓷收藏爱好者的精神家园。清晰厚重的元清花，精致优雅的成化斗彩，如冰似玉的越州青瓷，类雪赛银的邢窑白瓷，色彩缤纷的钧瓷，带着各自的身世汇聚一堂。被周世宗柴荣亲批"雨过天青云破处，这般颜色作将来"的周柴窑青瓷，以及珍贵的大宋汝窑，都可以在这里找到踪迹。

"片儿白"本身就是收藏家，更懂学习的重要性，他深知在收藏这个漫长的过程中，接触、近距离地观察、甚至可以上手把玩真东西，才能够学到鉴定真伪的真本事。因此，他以北京睦明唐古瓷标本博物馆为基地，为古瓷爱好者提供了一个可以走近历史的场所，让人们从书本中抬起头来，走到真正的古瓷中间，去触摸、去观察、去体会那些逝去的美好。

可是很遗憾，博物馆的日常开销是巨大的，就算努力控制支出成本，就算馆长不拿工资也难以维持。这间小小的半地下室，由北京睦明唐文化交流有限公司无偿提供，房租由公司承担，但不过是左兜掏右兜的关系。连年上涨的房租、工业水电气费用以及与企业相同的所得税,都是让人难以承受的负担。北京睦明唐文化交流有限公司不过是一家普通的文化公司,自身生存已经很艰难,还要承担一家民办博物馆的巨大开销,困难显而易见。

除此之外,民办非企业单位每年都要参加年检。年检的主要内容是检查这一年是否开展了活动,是否有违法违纪行为,是否出现资不抵债的情形,是否存在无法继续办下去的可能等。当年年检时的指标之一,是要求民办非企业单位的净资产达到开办资金,以证明有足够的经济能力维持正常运转。北京睦明唐古瓷标本博物馆由于成立时间较早,开办资金才3万元,却在每年年检时,会为净资产达不到开办资金而犯愁。每一年都要靠3位理事提供新的捐赠,才勉强达到年检的要求。

2014年,国家文物局颁发《关于民办博物馆设立的指导意见》,明确规定民办博物馆不得使用地下室和其他不适合办馆或有安全隐患的场地作为办馆场所。北京睦明唐古瓷标本博物馆租用的半地下室不符合安全要求,而搬家将是一笔巨大的开支。因此,苦苦支撑十来年的北京睦明唐古瓷标本博物馆,终于还是没能坚持下来,于2014年停止营业,且不再参加年检,并于2021年1月被撤销登记。

十几年的岁月匆匆而过,如夏花般绚烂,又如惊鸿般短暂。白明说,"凄风淅沥飞严霜,苍鹰上击翻曙光",他永远为自己曾经的飞翔而自豪。

兰亭依旧在：北京天佑兰亭书法文化博物馆

北京天佑兰亭书法文化博物馆馆长李学山告诉我，举办并运营一家民办博物馆，除去藏品不说，没有上千万元的投入真的无法支撑。

那一天，李学山站在空旷的展厅里感慨万分。5年多的时间，他像做了一个长长的梦。

常年在商场征战的李学山，随着年龄的增长，越发希望能够找到一份新的事业，可以让身心放松下来。太多年的拼搏，严重透支的体力，他已经太累了。"何况，赚多少钱算够啊，'人生到处知何似，应似飞鸿踏雪泥'，总该为这个社会做点什么，总该为这个世界留下自己的足迹。"他发出这样的感慨，因为他越来越清晰地感觉到，到了用前半生的努力换取后半生安逸日子的时候了，到了用前半生的积累回馈社会的时候了。

真的是想什么就来什么。2018年一个很偶然的机会，李学山得到了一套稀有的《兰亭序》书法拓本，由藏于故宫博物院的原件拓制而成，拓品只有两套，一套在南方某个博物馆里，另一套在他手里。这些出自历史上各代名家摹写的《兰亭序》书法拓本无比珍贵，他可不想独藏在自己手中，任其蒙灰落尘。他想将它们贡献出来，让更多人可以观摩学习，挖掘并且宣传兰亭精神和书法文化。他觉得这是一件有意义的事情。他毫不犹豫地就决定了一件事：办博物馆，为中华民族书法文化的传承做些贡献。

2021年3月，北京天佑兰亭书法文化博物馆正式注册成立。由李学山任法定代表人的天佑兰亭文化传播（北京）有限公司捐赠100万元作为开办资金，博物馆以每年150多万元的租金，承租北京经济技术开发区科创产业园区一栋1700多平方米的小楼。

李学山荣任馆长，他说他找到了一份可以安享晚年的事业，就像一个疲惫的旅人，历尽千辛万苦在黑暗中摸索，终于走到一缕光芒之下。这缕光，祥和、温暖，浸润着传统文化的能量，让人的心充盈着希望。他愿意从此蓝天碧波，自己只做一名摆渡人，在嘈杂的现实世界与宁静致远的历史之间摇一叶小舟，渡日月，渡自己，渡这世上所有内心浮躁和向往光明的人。

他把展厅布置得如同流动的过往，有惠风和畅的诗情，又有曲水流觞的雅意；他聘请文史专家、著名书法家，专门整理、研究兰亭文化，梳理出琅琊王氏家族的族谱，调研兰亭书法对古今书法的影响与传承；他把最前沿的数字技术引入对兰亭文化的介绍中，使参观者滑动大屏幕就能入境，"仰观宇宙之大，俯察品类之盛"。光影交错之间，他把现代文明与古老文化重叠在一起。

他太爱这座流动着晋人那种表里澄澈的博物馆了。他喜欢独自一人耽搁在馆舍里，着一件长衫，沏一杯香茗，任岁月在氤氲之间升腾而过。他以为这样惬意的日子会是永远。

理想很丰满，现实很骨感。对李学山而言，的确如此。与岁月同时升腾而过的，还有如流水的资金。他真的没有想到，博物馆就像个吞金兽，几百万元在不知不觉中如春絮一般飞飞扬扬地消散在指缝之间。

装修展厅，聘请专家，布置展品，举办活动，博物馆的吞金永无止境。这不算什么，毕竟从打算办博物馆的那一刻起，李学山就做好了牺牲个人利益的思想准备。但最让他难过的是，由于地处产业园区，并且距离市里比较远，博物馆成立后，就很少有人主动前来参观。他所向往的那种"谈笑有鸿儒，往来无白丁"的盛景，如《红楼梦》一般是一场空梦。

花钱，他不心疼，他心疼这些藏品无人识；付出，他不怕，他担心自己的付出没有意义。

博物馆成立两年后，户主要将此房产售卖，李学山不得不考虑为博物馆搬家的事。一向雷厉风行的他犹豫了，是继续办下去等待转机，还是果断放弃？虽然心都在滴血，但最后他还是决定停下向前的脚步。2024年初，成立不到3年的北京天佑兰亭书法文化博物馆注销登记。

北京天佑兰亭书法文化博物馆成立之后没有一分钱收入，在花光最初的开办资金之后，其实就全靠"借债"度日了。李学山馆长只能让属于他个人的民营企业——天佑兰亭文化传播（北京）有限公司和中筑天佑建筑工程（北京）有限公司承担了博物馆的房租、水电、装修等大部分费用，并且借钱给博物馆举办临时展览。到博物馆注销时，有2万多元的借款已无力偿还。为此，只能让两家公司签署放弃债权承诺书，否则博物馆是无法完成注销的。

李学山对我说，办博物馆真不是普通人能做的事，还是应该量力而行。但他不后悔，就像做了一个甜蜜的梦，于天朗气清之日，游目骋怀，极视听之娱。如今梦醒时分，仍是美好回忆。

米兰·昆德拉在《不能承受的生命之轻》中说，人的伟大在于他扛起命运，就像用肩膀顶住天穹的巨神阿特拉斯一样。民办博物馆人都是英雄，他们拼尽全力，怀着极致的向往，勇敢地走在一条充满艰辛的路上。难免会有折翼之殇，有些是不得已，有些是识时务的选择。这些不重要，折翼的他们依旧是英雄，因为他们曾经拼搏过。

他们就像飞鸟，虽然天空已没有他们的踪迹，但他们飞过。

第五章

前赴后继

正是有了这些民办博物馆人的前赴后继，民办博物馆才拥有了连绵不绝的力量。没有人说得清楚，民办博物馆人穷尽毕生心力，为博物馆事业倾其所有，是为了什么。或许，只有他们自己才懂得。

民办博物馆的前置备案制度和民办非企业单位的双重管理体制，使得成立民办博物馆比成立一家普通的民办非企业单位的程序更加复杂。一般的民办非企业单位，只要取得了业务主管单位的批复文件，便可以履行成立登记的程序了；但举办民办博物馆首先需要在北京市文物局备案，再拿到业务主管单位的批复文件，才能到民政部门正式注册登记。

刘超英在担任北京市文物局副局长期间，专门对民办博物馆备案工作提出了工作要求。当有人提出备案申请的时候，至少要劝退3次，直到他们把后果都预料到了，"禁得住考验"了，再给予备案。

她自己也是这么做的。李瑄告诉我，超英大姐每次面对申请人都有两次"灵魂发问"：你真想明白了吗？这么一会儿你是想不明白的，回去好好想想，想好了再来；好，你想明白了，那这次也不能办，你回去问问家里人，看你的家人都想明白了吗？直到两个问题都得到肯定的答复，他们看到了举办者的决心和实力，成立民办博物馆的备案和业务主管审批工作才会被他们正式提上议事日程。

这不是刁难和拖延，这是对工作认真负责的态度，是基于民办博物馆的真实情况，对想踏入这个门槛的人发自真心的提醒和关怀，是一份爱的责任与担当。

前有先行的第一梯队的民办博物馆在困境之中的艰难摸索，后有管理部门设立的更高的准入门槛和严格要求，一般收藏家都会对成立民办博物馆望而却步。然而，依旧有第二梯队、第三梯队的几十家紧紧跟上。他们像一批批不惜付出生命代价，也要跨越水流湍急、鳄鱼遍布的马拉河的角马，不断地踏上举办博物馆的征程。在年复一年的重复中，在岁月和生活的洪流里，在最热爱的领地，坚定地守卫着自己的选择，度生命的春秋。

流彩凭谁画：北京英杰硬石艺术博物馆

2023年8月，我如约参观北京英杰硬石艺术博物馆。我完全没有想到，闹市之中的大酒店里还藏着一家如此独特的博物馆。

一位向我执拱手礼作长揖的先生接待了我。这是影视画面里才会出现的动作，一种贯穿古今的情感表达。

先生姓李，名英杰，是北京英杰硬石艺术博物馆的举办人、法定代表人和馆长。他曾担任中国工业设计协会副理事长，2007年就任《设计》杂志社社长，还是清华大学美术学院的客座教授。他有着一双不同于常人的发掘美的眼睛，从冰冷的石岩深处，看到了生命的张力，看到了大自然对岁月的真情告白。

他不仅是一位有着独特审美的艺术家，还是酒店董事长，既有艺术鉴赏力，又有驰骋商场的魄力。他将位于朝阳区东直门外大街26号的酒店辟出2500平方米，以永久性无偿使用的方式，供北京英杰硬石艺术博物馆使用。坦白说，黄金地段这么大的场地，不管是用作客房、用作餐厅，还是租出去，都会日进斗金。将之变成博物馆，不仅意味着原本属于酒店的利润会大幅减少，还会在装修、布展、用电等方面有大笔额外的支出。怎么算，这笔账都不划算。

李英杰告诉我，他创办的酒店原本就有一个内部美术馆——奥加美术馆，目的是提升酒店的艺术品位。不过，他还是不满足，企业家身份之外，他还有更重要的身份——收藏家和艺术家，他是有独特情怀的。所以，他举办了这样一家以硬石艺术为主题的博物馆，让艺术走进平凡的生活，让来住酒店的顾客不仅仅是住宿，更是接受艺术的熏陶。

雒文有是李英杰的同乡和几十年的老朋友。李英杰深知雒馆长艰辛的办馆历程,但种种困苦没有吓到他,反而以一种无法抗拒的精神力量影响着他。他说他知道民办博物馆生存环境之艰难,资金投入注定是个无底洞。单纯经济上的回报几乎可以忽略不计,能够一路走下去,更多是靠个人的情怀和韧劲。可有什么办法呢,举办博物馆就是点燃火把,燃烧的是热情,获得的是光明。他像只飞蛾,抗拒不了这样的美丽。

我如一只被美丽蝴蝶吸引的蜻蜓,平凡的眼睛里长出无数的复眼,在他的引领下看到远方的星辰大海。

我从小喜欢绘画,跟随老师学过画一些水墨山水画,欣赏过数不清的绘画作品,以为再看到什么画作都可以波澜不惊。然而彼时,我站在一幅幅绝妙的画作前,根本挪不开目光。

呈现在我眼前的是高岸深谷,清泉碧涧,一朵朵轻柔的云霞如丝如缕,弥漫其间。画面无声,耳畔却仿佛隐隐传来树枝碰撞的声音,水滴砸到地面的声音,鸟儿啾啾鸣啭的声音,仿佛有旷野里微小的风吹拂颊面。

我看到了大漠孤烟,黄沙漫天,无边的枯草被吹得东倒西歪,却依旧倔强地逆风挺立。呼啸的风暴里,是枯草筋骨铮铮的誓言。

我看到了淡淡的粉色花瓣覆盖着奇石与平地,似有一个粉面含春的优伶隐匿其间,她怀抱着琵琶浅吟低唱,幽婉的曲调传至耳畔:"玩婵娟华清宫殿,赏芳菲花萼楼台。"于是全世界都花开成海。

我看到惊涛拍岸,看到荷塘晓色,看到戈壁荒滩,看到踏雪无痕。

一幅幅山水画卷,风格迥异,又都一派天然,那种或含蓄或奔放的诗意,那种写意中融入工笔的表达,让人不禁发出"此景只应天上有"的慨叹。线条与泼墨,全是熟练的笔法,布局与谋篇,尽是超凡的想象。它们像风、像云、像花、像水,自由又充满灵性。我在已有的知识储备中搜尽记忆,也想不出历史上有哪一位画家能有如此之功力。

儒雅的李英杰在我身旁不无得意地说:"震撼吧!这就是大自然的鬼斧神工!这都是石头的切面,亿万年间的地壳运动使山石不断裂变又不断聚合,进而形成纹理,无论色彩、线条,还是图案,都源于天然。"

我凑近细看,简直无法相信自己看到的。这些看似精描细绘的画面,竟然非人力所雕琢,而是由石头本身的纹理与色彩形成的。要什么丹青粉墨,原来有云、气、风、雷的加持,就能有线条的交错流转,色彩的变化万千,气度的大开大合。

可以想象,它们在来到我们的面前之前,已经经历了亿万年的风雨。难怪会觉得那种内在的表达,那种无法想象的逻辑,远超人类智慧，因为它们带着天地的精气与日月的精华。有一刹那，我有了一种置身于天地之间而无我的状态。

李英杰先生身姿疏瘦，眼波温暖又清扬。他让我感觉，他就是从历史的山水画面之间，从时间深处走出来的人物。而此刻，我与他，与这些硬石之间，有了某种超越现实的，源于天然的联结。仿佛在无尽的时间里，自然的样貌，我们的样貌，都是由一场雕刻形成的，世界因此而统一。他居然也有同感。他说："石头本是冷硬的，在大自然的描画下变得柔软又有温度。这是大自然送给人类的礼物。有时候，我站在这些石画面前，会有一种穿越时空的错觉。一开始我不明所以，后来某一天突然顿悟了，这不仅仅是艺术带来的震撼，更是经受几亿年岁月洗礼的石头带给我的一种超越自然、超越现实的能量。"

站在这一幅幅由石画记录的宇宙时光面前，人类便如微尘般存在，能深刻感受到人就是自然的一分子。这是一种玄妙的感觉，是人与自然的对视，在这种对视中，人便自然而然地认识到自己的渺小，却又不因渺小而恐惧和卑微，反而有了更大的力量。

我不由赞叹说："您能够将大自然的杰作，通过这样的方式展现出来，让人与自然融为一体，您做了一件了不起的事。"

李先生微笑，再次作长揖以答谢，并引领我来到博物馆二楼，指着一幅幅"油画"作品让我看。

我再一次震惊了。大自然再神奇，也不能把油画的不同流派风格都展现出来吧，这是一幅幅现实主义、古典主义、印象主义或浪漫主义的画作，笔法精妙而细腻，色彩浓郁且丰富，层次分明，画面变化多端。如果大自然都能"绘"出这样的画作来，坦白说，我真的会怀疑人类存在的意义。走近细看，才发现我所认为的细致笔触，都是由一片一片极微小的石片像拼图那样拼成的。

李先生笑说，这不是大自然自己完成的，而是人类与大自然共同的杰作。人类存在的意义，也许就是在大自然的创作之中再创作吧。

李先生介绍说，这叫硬石镶嵌工艺，因为它诞生于意大利的中部城市佛罗伦萨，故被世人称为佛罗伦萨镶嵌工艺。这种工艺是艺术家利用石头丰富多样的颜色，一点点拼接而成的。这里面既有大自然的构思，又有人类的神工，是人与自然合作的作品。可以这样想象，大自然早在几亿年前，便已悄然完成了一幅画作，只是故意把它分割成碎片，隐藏在大量的石材里，散落在地球的各个角落。硬石镶嵌大师将碎片一片片找回，拼图一般复原了大自然的作品。

15～16世纪时期,佛罗伦萨是欧洲著名的艺术中心,以美术工艺品驰名。1588年,佛罗伦萨名门望族美第奇家族的第三代托斯卡纳大公,费迪南多一世·德·美第奇创立硬石镶嵌工坊和修复中心,从此让硬石镶嵌工艺落地生花。该工艺现已成为意大利国家级非物质文化遗产。

断断续续统治佛罗伦萨长达3个世纪的美第奇家族,特别钟爱这门艺术。一代又一代家族传人,都以工坊为媒介,召集全意大利的能工巧匠和艺术家,采用半宝石,包括玛瑙、碧玉、玉髓和天青石等高级石材,以绘画作品作为镶嵌的蓝本,将破碎的石片聚合在一起,制作出精美绝伦的艺术品,装饰家族的房间和家具。这些几乎代表佛罗伦萨最高审美和艺术巅峰的作品,一度被当作贵重礼物赠送给欧洲各国君主显贵。

在意大利,有4个家族以不同的工艺特色,成为硬石镶嵌工艺的非遗传承家族。其中的塔科尼家族,从为美第奇家族制作硬石镶嵌艺术品开始,一代代传承,已经是第五代了。李英杰先生重点收藏了塔科尼家族第四代和第五代的硬石镶嵌作品32幅。

李英杰先生介绍,要完成一幅硬石镶嵌作品,大致有三个步骤。挑选合适的石材是关键的第一步。众所周知,天然石材都具有独一无二的纹理和色泽,要在细微的差别中,挑选出刚刚好的那一"点",需要的眼光和直觉是难以清晰描述的。选材是硬石镶嵌工艺制作过程中最为玄妙也是最困难的一环。一件制作周期要三四个月的小幅作品,仅仅是挑选石材,就至少需要 10 至 20 天。

第二步是切割。如今,石材的切割一般都使用专门器械,但创作一件硬石镶嵌艺术品所需要的每一小块石片,仍需要使用纯手工工具——线锯。切入的角度、使用的力度,都是要精确计量的,这需要经验,需要耐心,更需要智慧。切割过程中,任何轻微的爆口都会造成石材边缘表面的缺失,使石材成为废品。所以,切割的过程,既需要技术,也需要运气。

第三步是打磨。与切割一样,打磨也要靠技术与运气,打磨的力度、角度掌握不好,好不容易挑选到的石材可能就此报废,之前花费的时间也白白浪费。

所以,硬石镶嵌工艺相当费时费力。工匠们坚持沿用美第奇家族时代的工艺,所付出的辛苦更是难以言表。哪怕制作一小幅 30cm×40cm 的作品,一个工匠每天工作 8 小时,没有休息日,也需要半年左右的时间。现在的年轻人,谁还能付得出这样的辛苦,耐得住这样的寂寞?目前,意大利 4 个非遗传承家族已没有下一代传承人了。意大利的硬石镶嵌研究所和修复机构,每年仅仅招收个位数的研究生,大都来自美术学院。很少有人选择从基本功开始学起，何况短短的研究生生涯，也不可能学得出来。因此，硬石镶嵌工艺作为意大利国家级非物质文化遗产，如今面临着失传的窘境。

"我在博物馆展示这些藏品，是希望大家了解这项非凡的工艺，同时也想把这项工艺引入国内。"李英杰说道。2015年4月27日，北京英杰硬石艺术博物馆成立之后，就设立了专门的硬石镶嵌工作室，每年邀请塔科尼家族的传承人来中国授课。虽然不一定能够让人精通意大利的硬石镶嵌工艺，但至少会让人开阔眼界，为中国未来艺术家们的艺术之路铺垫一层更厚重的根基。

李英杰告诉我，随着社会的发展，非遗面临失传已经成了世界性难题。日本的做法非常值得效仿。他们会挑选合适的年轻人，将他们公派到世界各地去学习当地的非遗项目，技术学来了，"遗产"便继承过来了。李英杰希望尽微薄之力，为中国争取到"硬石镶嵌"这份"世界遗产"。

"把国外的优秀技艺引入中国，让中国人足不出户就可以了解更大的世界，拥有更开阔的眼界，是一种聪明又省力的办法。"李英杰如是说。

这就是民办博物馆人的文化自觉。他们尽自己最大的努力让文化流动起来，在不同的地域、不同的文明之间，在千山万水的天地之间与千秋万代的岁月之间。听到李英杰的这番话，我便明了了他飞蛾扑火的决心与初衷。在真正的艺术家眼里，金钱是可以计算的数字，艺术却是永恒存在的生命。

微音传旧影：北京大戚收音机电影机博物馆

怀旧的情绪有一种神奇的力量，它能对抗时间对岁月的腐蚀，让人在不知不觉中回到过去。

2024年10月的一天下午，在北京大戚收音机电影机博物馆馆长办公室，我置身于小时候才会有的老物件中。看着20世纪七八十年代家庭里最常见的钟表、脸盆、缝纫机等，遥远的往昔仿佛烛火般翩翩燃起，平静的心不自觉地跟着燃烧。

我坐在戚建钢馆长的对面，听他讲述那些与收藏有关的故事，仿佛坐在旧时光的中间，又仿佛在看一幕正在上映的老电影。

戚馆长告诉我，早在2000年，他还在上大学的时候，就已经开始了收藏之旅。那些七八十年代及以前的老物件，都是别人眼里用旧、用坏的没有任何价值的废品，在他眼里都是宝。到如今，他收藏了多少旧东西简直成了谜。有人说是

3万多件，有人说有5万多件，具体是多少，其实他自己也记不清了。大到20世纪70年代以前还不常见的老爷车，小到家家都当宝贝的旧油票、旧粮票；从结婚必备的"老"三件手表、缝纫机、自行车，到"新"三件电视、冰箱、洗衣机……那些渐渐模糊在记忆里、消失在现实中的老物件，都是戚建钢收藏的对象。

戚建钢的另一个重要身份是北京大戚青叶文化有限公司的法人代表。北京大戚青叶文化有限公司是一家以影视美术道具置景服务和道具出租为主营业务的私营企业，为拍摄年代剧提供影视道具服务。该公司同时也是北京大戚收音机电影机博物馆的举办单位和出资单位，为博物馆免费提供场所，为其日常运行提供资金支持。

其实早在2007年，戚建钢就已经在朝阳区金盏乡开始筹建博物馆了。由于当地拆迁，2010年他携北京大戚青叶文化有限公司转移到通州区宋庄小堡村，以公司的名义租下了5亩地，新建了大楼。2013年，北京大戚收音机电影机博物馆在北京市文物局进行了备案，并开始试开放。

为了达到最好的展览效果，在试开放的过程中，戚建钢不断调整展览内容、展览规模和展厅布局。直到2021年8月5日，博物馆终于在北京市民政局完成成立登记手续，正式开始对外开放。这中间经历了整整8年的时间。戚建钢完全能够体会到举办民办博物馆的艰辛，但为了给自己的藏品找到一个真正的家，他没有退缩，一直在全力推进登记事宜。这就是一个痴迷收藏的人的决心。他将保存那段历史变成身上的责任，希望通过博物馆的展览展示，让更多的人了解电影机、收音机的前世今生。

博物馆的展厅面积有4000平方米，设有收音机和电影机两个常设展厅。根据年代、国家、类别等分为多个区域，系统展示了中国和世界的收音机、电影机发展的历程，对收音机及电影机的文化内涵进行了全面的介绍。

博物馆的二层为电影机主展厅。

电影机是电影放映机的简称，是将影像信息以光的形式投射到幕布上，在扩音设备的配合下，还原出影像和声音的机械设备。现在大多数的电影放映设备都是数字电影机，这是信息化时代的产物，是计算机普及之后才出现的，而在此之前，一直是胶片电影机大行其道。

戚建钢从2005年就开始收藏胶片电影机，至今已经拥有了十余个国家的各式胶片电影机几千台、电影胶片60万盘。展厅里有他收藏的胶片电影机及相关资料709件，包括不同国家、不同时代、不同类型的胶片电影机实物，以及与电影放映相关的书籍，展示了胶片电影机的发展历史。参观者除了观看展览外，还可以亲自操纵简易的胶片电影机模型，体验和了解其工作原理。

展厅里展示的最早的电影机，是一台产自1895年的爱迪生牌35mm瓦斯光源的手摇电影机。那个时候，电力还不是人类社会能够普遍使用的能源，因此这台电影机没有电机，纯靠人力摇摇把来放映电影胶片，并以瓦斯灯充当光源。

在电影机展厅，还可以看到3幅巨型油画，是戚建钢专门请画家根据老电影海报的原样，等比例放大绘制的。电影海报下，是另一台古老的胶片电影机，产自20世纪20年代。这台美国产35mm的落地式电影机，因其外观设计像一匹马，而被戚建钢形象地命名为"马型电影放映机"。据戚建钢介绍，这种胶片电影机世界上现存只有两台，所以非常珍贵。这台胶片电影机只能放映动态影像，不能播放声音。人们可以通过它感受到在有声电影出现之前，那些无声的电影岁月。

电影机进入中国的时间并不长。博物馆里展示的长江FL-16mm型电影机，俗称"长江老五四"，是成立于1952年的我国第一家国营电影机械厂——南京电影机械厂生产的。

展厅同时还展示了用于拍摄、记录活动或静止影像的电影摄像机的历史演变，以及70mm、35mm、32mm、16mm、9.5mm、8.75mm和8mm不同规格的电影胶片。

此外，二楼展厅还设置了一个可容纳130人观影的电影厅，这里专门用胶片电影机放映老电影。

三层为收音机展厅。收音机是无线电广播的接收机，通过天线接收高频调制的微弱信号，经过放大、变频和检波等，还原为音频信号播放出来。现在已经很少人使用收音机了，但20世纪中后期的很长一段时间内，收音机几乎是每个家庭必备的重要"电器"。

博物馆通过不同时期和类型的收音机实物，以及各类与收音机相关的书籍、说明书等，介绍了收音机的历史及发展，介绍了收音机各个部件的作用和原理。

收音机展厅包括国外收音机展区和国内收音机展区。

国外收音机展区聚焦了20世纪20年代到六七十年代国外收音机的机型，包括飞利浦、德律风根、根德、沙巴等各种国际大牌。其中一台苏联生产的大红星牌电子管收音机，是斯大林送给毛主席的60岁生日礼物。一台由日本满洲株式会社在东北三省生产的标准四型电子管收音机，从机身所带的铭牌上可以看到生产日期是"昭12.7.7"，也就是1937年7月7日。收音机黄色的圆形标牌上，可以清晰地看到东北三省的地图和日本地图。它像一页永不消失的日记，记录着当时日本的侵华野心。

收音机后来发展为在接收播放无线电广播的同时，可以播放唱片的收唱两用机以及可以录音的收录机。这些产品在国内收音机展区都可以看到。

戚建钢介绍，馆内收藏的熊猫牌1502收唱两用机是南京无线电厂为庆祝中华人民共和国成立10周年特别生产的，当时一共生产了1501、1502和1503三种型号，共400台，保存至今的已经极其稀少了。在馆内还可以看到一台燕舞牌L1505-2的身影。燕舞牌收录机曾随着一句广告歌词在20世纪80年代末红遍大江南北，曾出口到丹麦、荷兰、希腊等国家。它的生产厂家盐城燕舞集团在1996年底宣布全面停产。从1982年第一台燕舞牌收录机被制造出来，到燕舞牌收录机彻底退出历史舞台，不过短短十几年的时间，真是如昙花般绚烂，又如昙花般短暂。如今，在北京大戚收音机电影机博物馆，燕舞牌收录机播放着那句耳熟能详的歌曲"燕舞燕舞，一曲歌来一片情"，仿佛把人们带回到了那个并不遥远的过去。

收音机行业的发展，整体而言都是短暂的，从家家必备的必需品，变成了稀罕得不得了的"老古董"，这个过程，我们很多人都是亲历过的。但是，又有多少人能够说得清楚它的生与亡？

我试图从网络上寻找收音机的履历，但我发现不同的文章对于历史的记录都会有细微的差异，难以准确地追根溯源。

要想了解收音机、电影机的前世今生，需要北京大戚收音机电影机博物馆这样的社会组织，以实物来保存历史，记录历史；需要戚建钢这样的收藏家、博物馆人，以自己的职业、爱好作赌注，去深入探究那些流逝的岁月。

老灶炊新烟：北京九鼎灶文化博物馆

知道中华传统文化延续至今的可贵，也明白其如果灭失的可惜，于是北京九鼎灶文化博物馆从拯救、保护和传承传统文化入手，让古老文化照耀过的生命与时光，继续照进现在的生活。

2023年冬日的一个下午，我来到北京九鼎灶文化博物馆，看到那一幅幅灶王爷的旧图片，那些灶文化的展板，了解到了灶文化的由来和发展，更切身地感受到在对传统文化的传承与保护的过程中，这家民办博物馆所发挥的重要作用。

灶文化伴随着火的出现而出现，也许是人类第一次从无到有的实验，是让人类第一次意识到自身拥有创造万物的能力的开始。当人类主动留下火种生火做饭，便开始有了灶文化。灶文化的影响在人类文明的进程里，伴随人类进食、生存、繁衍和进化，让一切有了可能。可以说，一餐之熟起，天下便有了温饱。

中华饮食文化举世闻名，中国的家族思想意义深远，无不渗透着灶文化的影子。中国传统的灶文化，不仅仅是一炊一灶，一瓢一饮，更有团聚、美好和温暖的寓意，是家庭和睦，生活美满幸福的象征。

现代社会已经进入快餐时代，很多家庭甚至已经不开火做饭了，并且随着社会化进程的加剧，传统的家庭关系与家族观念也不复从前。那些与灶文化相伴而生的传统理念、家庭氛围也与从前大不相同。

也许是因为灶文化与人们生活息息相关，又太过平常，所以更容易被人忽视，史书上也少有关于灶文化的正式的明确的记载。有人说，历史不在于实际存在，而在于记忆。果然如此。灶文化的历史源远流长，但真正去寻觅其源头和发展历程，就会发现像大浪里淘一粒金砂一样渺茫。

北京九鼎灶文化博物馆馆长郑文军对我说，他之所以钟情于"灶文化"，源于坊间的一句民谣："灶王爷本姓张，家住顺义张各庄。"这让他有了同根同源、舍我其谁之感，因为他本人就是顺义人，是听着和唱着这句歌谣长大的。

郑文军从小就爱听老人讲灶王爷的故事。老人说，灶王爷是玉皇大帝的特派使者，就住在每个家庭的灶台旁，监管着人们的饮食，让人们一日三餐吃得饱，吃得好。又像老师一样，把家里人做的好事和坏事都记录下来。他是一个家庭中至高无上的神，其他像负责出入平安的门神，负责看管水源的井神，负责保家卫宅的中溜神等，都得听他指挥。每年阴历的腊月二十四，家家户户的灶王爷就要动身上天庭，向玉皇大帝汇报这一年的人间事。玉皇大帝会根据各家人的品德行为奖功罚过。功德多的，3年之后就降福瑞以嘉奖；过错多的，就要降灾祸以惩戒。所以过去民间有个传统，就是腊月二十三这一天，趁着灶王爷还没有动身之前，家家户户都会焚香祭祀，祈祷请求灶王爷在玉皇大帝面前多给美言几句。有句俗语"二十三，糖瓜粘"，意思是希望灶王爷嘴甜点，少说点家里的坏话。也就是从腊月二十三这天起，中国最重要的节日——春节就拉开序幕了。对于老百姓来说，祭祀灶王爷就是辞旧迎新的开始。可以说，灶王爷是距离人们最近的神，守护着家的和谐与人的安康。

　　这就是在中国流传恒久的灶神文化，也是灶文化中最为重要的内容。灶神文化在周朝时候就有了记录，经过几千年的薪火赓续，有过曾经辉煌的过往。然而，慢慢地，灶神文化便如一支熊熊燃烧的火把几乎燃尽，几乎熄灭在历史的舞台上了。现在，已经没有几个人信仰灶神，甚至没有多少年轻人知道灶神了。大家都被圣诞老人所吸引，孩子们更愿意相信把袜子放在枕边，圣诞老人便会送来礼物。

郑文军奔波了半辈子，事业取得了成功，想让自己的内心安定下来时，童年的记忆一下子涌上来，击中了他。几乎是没有任何犹豫，他便把自己的未来方向确定为发扬灶文化，并迅速带领团队展开了收藏和研究。他们想恢复和宣传灶文化，把越来越淡的人情味、年味找回来，让灶文化成为温暖人心和引导人正直向上的价值观。在郑文军看来，这其中的意义重大。

随着藏品越来越丰富，业务开展得越来越顺利，他萌生了设立公益博物馆的念头。他要把与老百姓息息相关的灶文化重新挖掘出来，进行有效宣传，把灶王爷打造成比圣诞老人还要贴近老百姓生活的偶像形象，打造成中国孩子心目中温暖的带着爱的形象。他要让灶王爷重新回到普通百姓的身边。

2022年7月22日，北京九鼎灶文化博物馆顺利完成了注册。业务范围就是开展与灶文化相关的展览展示，收藏品征集，民俗文化研究，合作交流，文化宣传，承接政府与灶文化相关领域的委托服务。

博物馆成立之前，郑文军就带领自己的公司——北京华彩创佳文化传播有限公司，在每年春节期间举办灶文化节，以灶文化为推手,带动这个中国最重要的节日的气氛,恢复和引导中华传统灶文化在民间的影响。这是一个非常成功的举措,但是只限于顺义地区,影响力太小了。博物馆成立之后,郑文军制定了新的目标,就是以博物馆为基点,为灶文化节添加新的内容,影响更大的地域范围。

研究灶文化,就要有真正的专家团队。博物馆聘请了民俗专家和专业学者,历时一年多,梳理和挖掘了传统灶文化在中国的发展历程。下一步,就是继续组织专家团队,对灶神文化的起源与发展变化进行研究。民间神话也是一种文化和文明,是人类历史阶段的同步表现与记录。这是一个新的文化项目,也是一个更加艰难的挑战。郑文军说,接受挑战,一点一点努力,总会有结果的。

研究灶文化只是一个过程,而把研究成果运用到实际生活中,推动传统灶文化对老百姓生活的参与和指导才是真正的目的。

为此,北京九鼎灶文化博物馆依托现有的研究成果,开发了数量众多的文创产品。

"灶王爷不仅仅是八撇胡的老头形象啊,他也有可能是垂胡,是山羊胡,是连腮胡,为什么不能呢?""灶神为什么仅仅是一个老爷爷,他也应该有家庭啊,给他配一个灶王奶奶,让他们有灶王孙子多好啊。""灶王爷的小孙子一定是普通小孩的样子吗？他为什么不能长出翅膀，像个天使？"那时候，无数想法像灶台里的火花，噼里啪啦地往外蹦，郑文军简直为灶王爷的形象着了迷。

在团队的共同努力下，北京九鼎灶文化博物馆探索运营了"顺意好礼"、城市IP化"灶王文化IP的研究开发设计"，开发了"品牌IP化打造对牛酒IP年轻化设计——NIU2牛"系列文化IP及文创设计。北京九鼎灶文化博物馆创制的众多文创产品一经推出，深受市场欢迎，在一年一度的灶文化节上大放异彩。人们都开开心心地把灶神的冰箱贴、挂历、画片请回家，把灶王爷请到自己的家里。

郑文军心里还有更多计划，他对我说先不说，做着看，博物馆就是灶文化的宣传园地。在这个园地里，草总会绿，花总会开。

京西读书处：北京文景珍本期刊博物馆

2024年1月，我来到位于房山区阎村镇兴阎街5号院的北京文景珍本期刊博物馆。面对满墙的创刊杂志，那些陌生或熟悉的名字，仿佛把我出生前的若干岁月，还有我的童年、少年、青年时光，全部串在了一起，让我有了一种跨越历史时空的感觉。我小时候喜欢读书，但可读的书并不多，于是热衷于收集花花绿绿的杂志和报纸，在父亲的引导下一遍一遍阅读上面的文章。那些曾经温暖过我生命时光的杂志报刊，就像久违的老友，如今一一出现在我的面前。

"我国古代是没有期刊的概念的，虽然古代也有杂志一词，但那是指杂记一类的文章。"馆长严真友向我介绍说。

"18世纪末，苏州雕版手工业兴盛，名医云集，而且大兴讲学之风。当时许多名医，以医会友，聚于一堂，各抒己见，析疑赏奇。苏州名医唐笠山从中颇受启发，亲自联络医林名医高手，广泛征集医门佳作，于清乾隆五十七年，也就是公元1792年，创办了我国最早的中医杂志——《吴医汇讲》。"严馆长讲道，"这是一部医论性杂志，创刊于230多年前，停刊于清嘉庆六年，也就是公元1801年，前后历时约10年，共刊出11卷，发表了江浙地区41位医家94篇文稿，是类似年刊性质的中医杂志。当时虽不叫杂志，但从出版形式和组稿过程来看，与后世的杂志年刊完全相符。"

严馆长的介绍如数家珍。他说我国的现代杂志是从国外传进来的。1833年外国传教士在广州创办了《东西洋考每月统记传》，旨在宣扬西方文化的优越性，以此来开化中国人，使之不致影响到在华外国人的利益，被称为"中国境内第一份近代化中文报刊"。中国近代史上最为悠久的大型综合性杂志是1904年3月在上海创办的《东方杂志》，到1948年终刊，是中华人民共和国成立前历时最长的杂志。

听其讲解，我对期刊文化的历史有了更深入的了解。这就是参观博物馆，特别是民办博物馆的意义。基本每一家民办博物馆都会聚焦于一个专门的门类，大都是国有博物馆所没有涉及的，就像填缝的细沙，组成各自独特的形态，令整个博物馆的教育体系更加完整，让人获得更多专业知识。

"期刊虽小，背后藏着的文化却是深奥的。旧中国期刊出版审批比较宽松，但由于经济和时局的影响，很多杂志都是只出版了很短时间，有些甚至一创刊就停刊了。到我收藏期刊的时候，已经很难觅到它们的踪影了。"严馆长的声音里略带遗憾，又有些许庆幸，"但我还是收集到了《青年杂志》《新青年》《科学画报》等建国前不同历史时期出版的杂志。"

在严馆长的介绍下，我了解到，期刊可以说是时代的晴雨表，它忠实地反映时代，记录历史。从创刊至终刊的过程中，折射出时代的背景和历史片段，为研究时代和历史提供重要的佐证。经过岁月的洗礼，现在很多期刊已成为珍贵的历史文物，其踪影可能只有在北京文景珍本期刊博物馆才能看到。

北京文景珍本期刊博物馆的镇馆之宝是《青年杂志》创刊号。1915年9月15日,陈独秀在上海创办《青年杂志》,标志着新文化运动的兴起。1916年9月1日出版的第二卷第一期更名为《新青年》,是中国最早介绍社会主义和共产主义思想的刊物,在中国文化史、中国革命史上都具有里程碑的意义。

"期刊是有生命的,从创刊到终刊,就是期刊生命的一生,创刊号和终刊号就是一份期刊一生的见证。具体到每一份期刊,它的生命历程有长有短,有的短暂只有一期,瞬间即逝;有的漫长达上万期,历经百年而不衰。我建的是一家以收藏展示中国期刊为特色的博物馆,我希望通过一份份期刊的珍本实物,快捷、准确地展示它们曾经的岁月,全面、完整地介绍它们生命的历程,真实地反映当时的社会现状。"

我看着眼前一本本珍贵的期刊,仿佛看到历史的天空。不同时期的期刊,用其充满时代特色的文字和语言风格记录着每一个当下,用标记着年份的日期对抗时间的销蚀。

我看着眼前的严真友,在他的眼睛里,看到了一道光。那是一种熟悉的光芒,很多民办博物馆人的眼睛里都有。

我心里有一种说不出来的感动。看着满墙的期刊,我说:

"您果然做成了这件事,您果然一直在向前走。"

他笑笑,唇角上翘的弧度还如从前一样。不同的是,作为一家大型物流公司董事长的他,如今已经被博物馆事务缠上了。略显疲惫的他有了更多儒雅的气质,眼神里也有了更多执着与痴迷。他已经变成了一个真正的博物馆人。

我还记得北京文景珍本期刊博物馆申请成立登记时的情景。那是2022年8月,我在办公平台上看到了严真友填报的成立与期刊有关的博物馆的申请,立刻就给当时还是拟任法定代表人的他打了电话,约他面谈。一来想给他详细讲解一下成立民办博物馆的流程和填报注意事项,方便他修改填报内容,节省时间成本;二来向他介绍民办非企业单位作为公益组织的特点,以免他将来后悔;三是想了解了解这个人,看他是不是真有决心做这件事。

作为不以营利为目的的独立法人单位,民办博物馆的开办资金属于捐赠性质,出资人捐赠之后,这笔钱就属于博物馆了,只能用于开展业务工作,出资人不可以撤回捐赠。民办博物馆成立之后,如果运营不下去而进行注销登记,那么剩余的资产既不能返还出资人,也不能用于理事会成员的内部分配,还要继续用于社会公益事业。

此外,举办博物馆需要对藏品进行备案,对属于文物的,还需要区分文物等级,单独设置文物档案。经过备案的这些藏品,就不能再由原来的收藏者自由支配了,在博物馆开办期间也不得转让和出售。作为办理注册登记的工作人员,我要让举办人对这些问题有深刻和清醒的认识。

举办一家新的民办博物馆,要面临重重困难,但这只是万里长征的第一步。在后续的维护管理过程中,波澜不惊的水面之下,还会涌动起无比凶险的"暗流"。房租、水电、人工、布展、展品的安保及维护等各项支出,将是个巨大的无底洞。门票的一点点收入覆盖不了支出,何况很多民办博物馆还是免票的。而且,民办博物馆即使能有收益,这些收益也不能用来补偿或回报出资人,不能用于内部成员分红。

所以,要想举办民办博物馆,除了要落实资金与场所,还要有强大的财力后盾能支持后续发展。这就要求举办者为博物馆的发展付出极大的努力,舍弃极大的利益。对收藏家而言,没有雄厚的财力支撑,没有奉献的精神准备是走不远的。

我同超英大姐一样,希望尽可能地把能做的工作做到前面,让那些不懂得民办博物馆要走的是一条怎样的道路,不懂得公益组织的真正含义,不懂得非营利性是什么概念,而仅仅是拥有一腔热情,甚至是想投机取巧、沽名钓誉的人多一些理智。从另一个角度讲,我的心灵深处一直认为博物馆事业是一项高尚的事业，没有舍我其谁的奉献精神，没有吃苦耐劳的职业素养，没有不畏困难的坚韧品质，就不应该进入这个行业里。我希望我能像筛子那样，把粗糙的杂质挡在外面，让民办博物馆人这个群体更加纯粹，少走弯路。这样既是对申请者负责，同时也是对民办博物馆事业负责。

我给严真友讲路东之和王东旭的旧事；讲北京睦明唐古瓷标本博物馆在每年年检的时候，为了补充净资产所做的努力；讲民办博物馆举办后可能会遇到的重重困难。我相信，了解了民办博物馆的真实现状，看到自己将会踏上一条什么样的路的人，一定会审慎地考虑自己的初衷，审慎地做出抉择。

我始终觉得，这世界上，太过于执着和纯粹的人并不多，大部分人嘴里说着奉献，心里想的却是利益；大部分人看到了奋斗的结果，却忽略了奋斗背后的艰辛付出。如果没有坚定不移的信念，没有对收藏的痴迷，没有对博物馆事业的真正追求，应该是跨不过这道槛的。

严真友轻而易举地就跨过去了。那一天，在北京市政务服务中心，这个与我同龄的中年男人，神情坚定又执着。他对我说："谢谢您，您给我讲了这么多办馆之后可能遇到的困难和问题，这些都是我没有想过的。但是现在我就可以回答您，我还是想办博物馆，这是我在收藏路上的精神支柱,是我一直以来的梦想,也是我给自己的未来铺就的路。我已经快50岁了,前半生为了生存努力打拼,后半生再奋斗,愿意为梦想付出。您说的这些困难,还有您没有说到的困难,我都愿意尽全力去克服,我现在也拥有面对这些困难的能力。"

看着他坚定又热切的目光,我仿佛看到了马未都、王东旭、车志红、雒文有、路东之……他们都一样,他们的身上深藏热血,带着同样一股所向披靡的力量,昼与天空并肩,夜与星辰同行。

2022年11月11日,北京文景珍本期刊博物馆正式成立,以收藏展示中国期刊,特别是新中国期刊的试刊号、创刊号、改刊号、休刊号、停刊号、复刊号、终刊号等实物为特色。在这里,参观者可以快捷、准确地了解期刊生命的过程。

2024年9月7日,北京文景珍本期刊博物馆举办了隆重的开馆仪式,期刊协会负责人、期刊收藏研究学者、杂志社编辑及社会各界期刊爱好者100多人参加了盛典,并参观了"建党百年百种党刊珍本展"特展。我笑言:"这怎么像结婚一样啊,先登记有了合法的地位,再举办正式的典礼。"严真友郑重地回答:"这是我一辈子的大事,当然是当爱情一般追求,当婚礼一般筹谋,以后还要在细水长流的岁月里当婚姻一般经营。"

有人说，站在阳光里，就连影子也是会发光的。这一天，我站在北京文景珍本期刊博物馆的展厅里，穿窗而过的阳光打在我身上，让我有了一种豁然开朗的感觉。我明白了这个从安徽农村走出来的高中毕业生，这个在家里待过业、做过乡镇企业的业务员，创办了物流公司，在清华大学工商管理总裁高级研修班进修过，担任安徽省工商联直属商会常务副会长和安徽省政协委员，又因为期刊收藏家的身份成为中国期刊协会副会长的男人，对自己，对过去和未来，有着怎样的要求和期许。那是一个吃过苦受过累，又满怀热情地甘愿将靠吃苦受累积累的财富，奉献给理想和社会的不平凡的人。

2024年10月7日一早，我收到严真友的微信：报告王老师，我今天又淘到一本老期刊，《国闻周报》第十二卷第二十六期，1935年7月出版，内刊有《瞿秋白访问记》……他的喜悦之情溢于字面。

我说，我在您身上看到了企业家的果敢决绝、博物馆人的坚定执着，以及乐观者对生活的热情真诚。

他笑了，告诉我："'生命中最重要的不是拥有什么，而是你成为什么样的人'，这是我的座右铭。谢谢您对我的肯定，也谢谢您让我更加明确了我要成为一个什么样的人。"

"鸿雁于飞,肃肃其羽。"我想起《诗经》中的这句诗,仿佛听到了历史的天空中,无数鸟儿飞过的声音。

正是有了这些民办博物馆人的前赴后继,民办博物馆才拥有了连绵不绝的力量。没有人说得清楚,民办博物馆人穷尽毕生心力,为博物馆事业倾其所有,是为了什么。或许,只有他们自己才懂得。

我想,他们心中应该是怀了一束无法被描绘,无法被定义的美好。想要说其瑰丽,却听到有悦耳的声响回荡于间。想要说其嘹亮,又发现有更幽深、更静谧的况味悄然隐藏。其中所蕴含的意义,远比其本身更加悠远深长。那是岁月的经纬,那是情感的天堂,那是民办博物馆人胸怀里的丘壑山川和海洋。

第六章
他们的选择

一些民办博物馆人，他们是在职业领域取得非常好的成绩之后，没有停下奋斗的脚步，他们要求自己"百尺竿头，更进一步"，用自己的职业技能和收藏知识惠及大众，因此举办博物馆从事公益事业。他们在自己专业领域取得的成功，成为助力他们在民办博物馆征程里飞翔的力量。

孔子在《易经·系辞》中说:"举而措之天下之民,谓之事业。"意思是说,人生在世,用所做的事情施惠于天下民众,才算得上事业。

一些民办博物馆人,他们是在职业领域取得非常好的成绩之后,没有停下奋斗的脚步,他们要求自己"百尺竿头,更进一步",用自己的职业技能和收藏知识惠及大众,因此举办博物馆从事公益事业。他们在自己专业领域取得的成功,成为助力他们在民办博物馆征程里飞翔的力量。

千里寄情长:北京百年世界老电话博物馆

车志红出生于1959年,2007年前后举办北京百年世界老电话博物馆的时候,他正年富力强,把自己的最好年华都贡献给了民办博物馆事业。如今,岁月已经染白了他的头发,雕刻了他的皱纹,但永远保持飞翔姿态的他,依旧像年轻人一样生龙活虎,在工作中永远创意不断。

1980年，20岁出头的车志红从北京邮政学校邮政机械专业毕业后，来到北京市邮政管理局东区邮电局，成为一名邮政设备维修人员。

在那个年代，中专毕业就是很高的学历了。他的很多同学和朋友都到了机关、研究机构工作，只有他，扎到了最基层。这种命运的安排对很多人来说也许是困扰，但对他而言却是极大的机会。因为有的人就是这样，越是人生的困境，越是要起劲地折腾，他们不会被命运之绳束缚，反而在被捆绑之时，迸发出更大的能量，让自己变得无比强大。

以平常人的眼光来看，这种对于职业的选择无疑是一种性格中的天真，甚至毋宁说是性格决定命运。但至今问起车志红，他仍不悔从前。他说，他一直认为对于一个青年来说，能够被社会需要是很重要的。唯有如此才能有更多的发展机会，能够真正地实现自身价值，从中获得成就感，获得社会对自己的认可。

他热爱着忙忙碌碌的设备维修工作，也一直没有放弃学习。刚刚工作那年，他通过努力考上了北京邮电学院（今北京邮电大学）函授学院自动化专业的本科；1987年考上了北京邮电学院邮电经济管理专业研究生；2003年仍不满足的他又拿到了北京大学光华管理学院工商管理专业硕士学位。

1985年，车志红刚取得本科学历不久，面对去北京市邮政科学研究所工作的机会，车志红选择了放弃，他还是钟情于基层，决心从投递员干起。

那时报纸、邮件都不能按时投递，常常日报晚上看，晚报第二天看，邮局积压邮件的状况非常严重。面对这些实际问题，善于动脑子的他经过仔细观察，很快与支局干部、职工一起共创了"内部分拣法"，仅用两三个月的时间就解决了东单邮电局报纸、邮件不能按时投递的问题。功夫不负有心人，他因此先后当上了投递班班长、东单邮局副支局长。二十几岁就是科级领导干部，在那个年代是非常少见的。

踏踏实实在国企里面走仕途这条路，车志红的人生会波澜不惊，也会顺风顺水。可是他骨子里不安分的细胞又在蠢蠢欲动。在20世纪80年代下海潮的大环境影响下，他放弃已经获得的一切，毫不犹豫地跃入商海。

20世纪八九十年代，对寻常百姓来说，电话还是非常小众的奢侈品，普通家庭别说没有电话，想装电话都装不上。1990年，中国固定电话的普及率是1.1%，11亿中国人一共只持有1.8万部手机，那是一个"从前的日色变得慢，车，马，邮件都慢"的年代。人们的通信主要靠写信和拍电报，打电话非常不方便，有的工作单位会在传达室安一部电话，解决职工的通信问题。没有工作单位的，要打电话就得到邮局去。

车志红成立了公司，凭借自己以往的工作经验，开始代理销售国际品牌的电话机及相关通信设备、各种小家电产品，前后代理过国内外120多个知名品牌的产品。他没有辜负机遇的垂青，其公司的销售量像坐上了螺旋桨飞机直线上升，公司一度成为电话行业全国最大的销售商。

那个时候，电话在西方发达国家已经相当普及，火车电话、钢琴电话、可乐电话、汽车电话，各种拟态电话层出不穷，像工艺品一样美化生活。这些外观精美的电话，让从小就喜欢收藏的车志红爱不释手。对人类而言，"收藏"几乎是一种本能。多少人的年少时代，会把糖果纸藏在书页间，把好看的石头放进兜里。只是当童真被岁月的风尘吹散，物的价值便成为人们心目中最重要的存在。

车志红还是个顽童的时候，就对身边的事物带有几分好奇，几分喜爱，还有几分不忍割舍的情愫。什么都舍不得丢，他说他像个痴子，收藏过糖果纸、烟标、火花、冰棍棍儿、鲁迅的书籍和马克思相关著作。

他说，每个人都有可能成为收藏家，只要他保有这份童心，不用有用或没用、值钱或不值钱来衡量物对人而言的价值。

那时，他时常看着仓库里暂时没有卖出去的电话，忍不住一次次捧在手里，反复把玩。最后，常常是自己买下来。他的电话收藏之路，便从这时开始起步。

他向我展示了一部产自美国的"猫王电话"。身穿布制衣裤的摇滚巨星猫王玩偶站在普通的电话底座上，一有电话打入，猫王就会手拿麦克风，激情地唱跳起来。在20世纪90年代，这是一部奢侈品级别的电话，进价就八九百元，相当于当时一个普通人一两个月的工资。他觉得他和这个"猫王电话"之间有着某种说不清的情感，他拿起来就放不下了。他的眼光果然没有错，到目前为止，在中国电话快速发展的30年内，中国进口的能唱歌跳舞的电话，也就这一款。

除了收藏电话，他把所有他可以遇到的与电话有关的东西也都收集起来，并不断学习研究。渐渐地，车志红成了行业内公认的电话收藏第一人。他说："现在让我看一眼任何一部电话机，我马上就能判断出是哪个时期哪个国家生产的。"

由通信行业的从业人员，到电话收藏家，再到百年通信的研究者，车志红走得水到渠成，仿佛冥冥之中自有天意。这自然是源于他对收藏的执念。

尼采说，每一个不曾起舞的日子，都是对生命的辜负。车志红不愿辜负生命中的任何一天，所以一直在不停地奔跑。

随着电话收藏品越来越多，车志红已不满足于仅仅是收集，更希望让自己的藏品发挥最大的作用。因此，2006年底，车志红发起设立了北京百年世界老电话博物馆。这是目前中国唯一一家收藏、研究世界电话机发展的专业博物馆。馆藏有来自世界各地的电话机几千部，几万件相关的图文史实资料和相关物品，系统地反映了自19世纪70年代电话机发明以来世界电话百年的发展历程。

在将近20年的岁月里，车志红为了把博物馆做好，几乎拼尽了全力。

北京百年世界老电话博物馆最初成立的时候，登记在西城区德胜门外的泰富大厦4楼，年租金30多万元。租金压力太大，并且游客到4楼参观也非常不方便，车志红对这个场地不是很满意。于是在2007年，车志红接受中国电信博物馆的邀请，把北京百年世界老电话博物馆迁到海淀区学院路的中国电信博物馆内，一方面没有了房租的压力，另一方面也丰富了中国电信博物馆的展览内容。可惜好景不长，2009年中国电信博物馆改建，北京百年世界老电话博物馆只能再次搬家。这一次搬到了朝阳区天辰东路奥林匹克公园中心的下沉式广场，但是年租金逐年增长，最后达到了100万元。参观的人数依旧很少，为了吸引游客，车志红没少费脑筋。他丰富馆藏展品，开辟老电话体验区，设置电话结构拆解和安装体验区，做了很多有吸引力的项目。

他的努力没有白费，顺义区汉石桥湿地公园注意到了这家虽然规模很小却很独特的博物馆，向车志红抛出了橄榄枝。2013年，博物馆受邀搬到公园水畔。这里绿地繁茂，水域辽阔，甚至有野生的水鸟逗留于此，还吸引来众多带孩子的游客。这些游客也会顺路到博物馆参观，车志红有了大展身手的机会。为了留住游客，也为了让他们来了之后还想来，他又挖掘、开发了中国传统益智玩具，让人们到了博物馆，不仅仅可以了解百年电话的发展历程，更可以通过益智玩具练手练脑。这一项目深受游客，特别是孩子们的喜爱。很多孩子会反复前来，爱上了研究电话机原理，也成了九连环等益智玩具的高级玩家。

最让人钦佩的是，车志红不但收集整理了几千件中国传统益智玩具和文献，还在这个过程中，把自己练成了益智玩具的专家。中国传统益智玩具有四大系列：包含华容道在内的民间棋系列、包含九连环在内的巧环系列、包含七巧板在内的拼板系列和榫卯系列。车志红通过对中国传统益智玩具的研究，把自己练成了"民间土棋"通州区非物质文化遗产代表性传承人、"解九连环"顺义区非物质文化遗产代表性传承人。他仍不满足，还在致力于对另外两个系列进行研究，希望自己能够再拿下一个项目的代表性传承人。他甚至想创办国内第一家中国古代数学益智玩具博物馆。虽然因为条件限制，这个梦想到目前还没有实现，但所有这些，都足见他在办博物馆的过程中所下的功夫。

就在车志红渴望依托博物馆大展宏图，把老电话文化进行更广范围的宣传时，疫情来袭，再加上汉石桥湿地公园自身的一些问题，北京百年世界老电话博物馆又要另觅新家了。为博物馆事业奋斗半生的车志红，此时也已经是奔70的人了，他已经没有精力，也没有力气再去折腾了。2021年4月，他毅然将博物馆搬到通州区宋庄镇，以将个人的房产无偿提供给博物馆长期使用的方式，结束了博物馆漫长的租房生涯，也让博物馆的运营有了一个喘息的机会。

北京百年世界老电话博物馆位于宋庄镇疃里村集体产业就业会所物业3号楼底商。从外面看只是一个小小的门脸，走进去才会发现里面大有乾坤。

一楼除了部分老电话展览外，有很大一部分区域展示了益智玩具。拐角楼梯的旁侧，贴墙摆放的书架上装满了书籍。车志红把自己办的位于新街口闹市区的淘书阁益智书店也搬到了这里，书有些陈旧，带着时代的印迹，却是不可多得的淘书的好去处。

二、三楼是老电话的展厅，车志红依一贯的做法，按照时间线，详细介绍了老电话发展脉络。

几百平方米的面积，仿佛装了车志红的一生。他说之所以这样做，就是在想方设法地吸引游客，留住游客，让游客来了就不白来，走了之后还想来。为此，他甚至在展厅放了一台电视，循环播放他从全国各地博物馆搜集的展览介绍。他要让游客一个人来，有一个人的玩法；一家子来，有一家子的玩法。除了了解老电话的发展历程之外，小孩子来这里，可以做做手工，玩益智游戏；老人来这里，可以安静地读读旧书；年轻人来这里，可以在展厅看到全国各地博物馆的展览介绍，为日后的旅游搜集信息。

对博物馆而言，收藏、展示和保护传统文化，是很重要的；记录社会发展历程中一段不该被遗忘的历史，也是极其重要的。

电话从发明到现在不过百年，真正在社会生活中发挥不可或缺的作用只有二三十年，目前虽然没有消失，但已经在淡出人们的生活。这样的历程，放在人类漫长的历史进程里，不过是沧海一粟。电话的产生和使用，是人类通信史上一段重要的经历，如果没有人研究和记录，终将会湮没在时间的洪流里。

从18岁选择邮政机械专业作为自己的学习方向，到踏入北京市邮政管理局工作，再到举办北京百年世界老电话博物馆，车志红的精力几乎全部用在研究、收藏与保护这段不应当被忽视的历史上了。

从车志红的职业选择，也可以看出他性格里有着不安分的因子。他不会只盯着眼前的方寸之地，而是始终抬头仰望更广阔的山河。他在职业之旅中兢兢业业，坚定执着，永远向着更高的目标和方向。

在举办展览的过程中，车志红逐渐意识到，博物馆的展览不应只局限于把游客拉进历史之中，停留在某个古老的年代，让游客的身心都沉浸在历史文物和生活场景里。社会是不断发展的，历史再辉煌也已成过往。了解历史，记住历史的目的，不是要回到历史中去，而是让历史为现实服务，更好地把握现在，放眼未来。

于是，车志红在常设展览"世界通讯展"中，既展出百年以前的老电话、电报机，也展出新时代的产物——1G到5G的手机通信设备，同步最新的通信技术图片。

他说，电话、电报、无线电等都发明于19世纪西方那些首先进行工业革命的国家，因此，北京百年世界老电话博物馆在展览和讲解的过程中，首先要做到的就是尊重历史事实，进行客观展示，讲解清楚现代通信发明的历史过程和原因。但同时，也要展示中国在改革开放后，仅用三十几年的时间就突破了部分技术壁垒，追上甚至超过世界先进通信技术国家。比如1G技术发展时我国没有参与，2G技术发展时我们开始行动，3G技术发展的时候取得突破性进展，到了4G技术发展时就做到了基本同步，而到 5G 技术发展时，我们的有些技术项目已经处于世界领先水平。于是，在展览中与时俱进地介绍人工智能、无人驾驶技术、卫星通信等最新技术发展，成为车志红关注的重点。

他把北京百年世界老电话博物馆变成一个坐标的原点，横坐标是空间上的世界通信变化脉络，纵坐标是时间上的中国通信发展史。这里的展览和介绍尊重历史，也正视现实，是全面而客观的展示，使游客通过参观丰富历史知识，增强荣誉感，拥有面对未来的勇气和自信。

小球牵大梦：北京云汇网球博物馆

与其他博物馆的灵魂人物基本上只有一人不同，北京云汇网球博物馆的灵魂人物有两位——李云惠和李云博，听起来像姐弟俩，其实他们是母子。

早在 2000 年，37 岁的李云惠就被《中国体育报》评为"中国网球十大风云人物"。她的职业生涯是与中国网球发展紧密关联的，堪称中国网球界的传奇。

李云惠出生于 1963 年，自幼师从中国著名网球教练员谢逢森，18 岁就获得全国青少年网球比赛亚军，20 岁时获得全国甲级网球比赛混合双打第 4 名，同年获得全国"运动健将"的荣誉称号。

由于患有先天性心脏病，身体支撑不住长期高强度的运动，她的运动员生涯并不长，她也没获得过全国冠军。可她之后的经历，却使她成为中国网球史上不可忽视的存在。

在湖南省体育运动委员会体工大队网球队做运动员兼职教练期间，她带出了唐敏、李芳、陈莉等一大批后来走上世界网坛的优秀运动员。1985 年，在大连市业余体育学校担任全职教练期间，她又为八一队、大连队、沈阳队等球队输送了大量优秀人才。1987 年，由于工作出色，她被调到国家体育运动委员会（现国家体育总局）网球馆担任教练。

1991 年，李云惠离开教练员岗位，到隶属共青团中央的中日青年交流中心工作。中心的二十一世纪饭店体育部有 6 片室外网球场地，李云惠负责这里的经营管理。这是一种身份上的重大改变，从一位职业网球运动员、教练员变成网球场经营者，对李云惠而言，既是机会，也是挑战。

网球运动从诞生之日起就是小众的运动，一度与保龄球、高尔夫球、斯诺克一起被誉为"四大贵族运动"。李云惠希望通过自己的努力，让网球运动可以成为同羽毛球、乒乓球一样的群众运动。她从发展会员、组织培训班、组织策划赛事活动入手，开始尝试用更好的服务与客户进行沟通，让更多的人对网球运动产生兴趣，让网球运动真正走进普通人的生活。

1993年，在"铁饭碗"还是"香饽饽"的年代，李云惠毅然辞去"吃皇粮"的工作，成立了北京奥丽吾科技发展有限责任公司（以下简称奥丽吾）。她白手起家，从短暂租赁日坛网球场，到承包经营北京北辰实业集团4片室外场地和2片室内场地，最终让北辰网球场成为当时北京最有名的网球场馆。

1996年，李云惠与恩师谢逢森携手合作，共同策划、编写并出版了中国第一张网球教学光盘——《跟我学网球》。在这张光盘中，李云惠以矫健的身姿出现在画面里，成为大众的网球启蒙老师。"将教练请回家"这一创新性的教学方式，为全国网球普及与推广开启了重要的新篇章。她健美的形象和深入浅出的教学内容深入人心，使网球运动很快进入普通老百姓的生活中。

从1998年开始，李云惠与中国网球协会、中国银行长城卡中心等单位合作，先后组织了第一至第三届全国业余网球大赛。这是一场向大众推广网球运动的重要赛事，在推动中国网球运动社会普及方面起到了至关重要的作用。在此基础上，她又与中国网球协会合作，成立了全国业余网球晋级工作组委会，使全国业余网球晋级的工作步入正轨。

1999年，凭借朝阳区的经济与外事优势，李云惠参与投资的北京朝阳网球俱乐部，成立了中国第一支靠自筹资金组织的朝阳网球队。它是首家在中国网球协会注册的区域性一级职业网球队,曾获 2000 年全国网球锦标赛女子团体亚军。

在商业领域取得成功的同时,李云惠始终不忘最初的梦想,就是让网球真正地走到百姓身边。2016 年,她与北京中国网球公开赛体育推广有限公司共同发起创立了"中国宋庆龄基金会中网公益基金",通过中网公益汇系列活动,宣传和普及网球运动,组织中国小球童远赴澳大利亚和法国等国,参加国际顶级赛事的交流活动;举办"中网公益海报评选"活动,以绘画的形式推广健康向上的网球文化;组织中网名人慈善赛,邀请众多企业家支持网球事业的发展;与中国宋庆龄基金会中网公益基金、西藏网球协会等机构合作,邀请"京藏宏志班"学生来北京观看中网公开赛网球赛事,了解网球礼仪,学习网球技术,让他们亲身感受网球的魅力。2016～2018 年,她与东城区体育局合作开展"快易网球进社区"项目,亲自深入社区进行网球培训,与数千名网球爱好者面对面,推广"全民网球健身计划"。这些公益项目的开展,为推动国内网球事业的可持续发展做出了积极贡献。

李云惠的职业生涯,可以用战绩辉煌,成果显著,为中国网球运动发展做出了不可磨灭的贡献来总结。

2019 年底,对李云惠而言,职业之旅差不多走到了尽头,她几乎可以触摸到自己退休后的生活了。光辉的职业战绩,优厚的物质积累，令她足可以功成身退，尽享安逸的晚年生活。

没想到职业的河流，却在一次偶然的机会，流出了新的河道。

那是一次在上海举办的中国网球文化论坛，她和儿子李云博受邀参加。在会场的走廊，他们看到一名资深网球收藏家，正在借助有限空间展示一些古董网球木拍。母子二人同时深深地被这个简陋的展览吸引住了。特别是李云博，一边观看展览，一边对收藏家进行了"深度采访"。收藏家带着对网球的挚爱，详细地介绍一些网球拍背后的故事和网球的发展历史。31岁的李云博像发现了新大陆般惊讶不已。他没想到，看着不起眼的网球木拍的背后，竟会藏着这么深厚的文化内涵。

李云惠也同样深感震惊。她大半辈子与网球打交道，居然也不知道网球世界里还有如此色彩斑斓的历史过往。更让她想不到的是，一向浑身反骨、特立独行的儿子，竟然因此而变得乖顺起来。

再独立坚强和能干的母亲，儿女也是她心头最柔软的地方。李云博一直是李云惠的"软肋"。

在李云博眼中，李云惠为中国网球运动所做出的成绩是巨大的，是他可望而不可即的，这让他对母亲除了仰望，还有惧怕。母亲是网球界的"星"，而他是"星二代"。这样的标签，既是他的保护伞，同时也是无形的枷锁。他个性倔强，就是想要成为自己。从有了自我意识开始，他就想要逃离母亲的光环。他的内心一直有一个倔强的声音在说：你是李云博，你不是李云惠的影子。

小时候不懂事，他以为不按照母亲规划的道路走，就是做自己了。上学的时候，他离经叛道，经常放弃上到一半的学业，美其名曰去寻找更适合自己的方向。后来，他又以为远离母亲的光环便是做自己。为此，他最初的职业选择是当一名演员，他渴望在不同的角色中，找到那个真正独特的自己。所有这些事，他都没有征求过母亲的意见。

可以想见，在整个过程中，作为母亲的李云惠有多么的焦虑和着急。

所以，当李云惠看到儿子在和收藏家交谈时眼里透露出的光，她立刻感受到一种不一样的能量撞击了自己。

几乎没用商量，母子二人一拍即合，回到家就开始谋划设立云木拍收藏馆。二人根据各自的特长进行了分工。李云惠长于管理，又有雄厚的物质基础，所以负责总策划和资金的投入；李云博年轻，对互联网和各种新兴交流模式更熟悉，因此负责研究、整理和收藏工作。出乎李云惠意外的是，从这件事的起意，到云木拍收藏馆的设立，在短短一年半的时间里，从前做什么事都没有长性的李云博，居然已经有规划地按类别、年代等收集了500多只网球拍。收藏的过程便是最好的学习过程，要想了解木拍的形态与材质变化，收藏到真东西，就要了解世界网球的起源和发展，了解网球知名人士对网球的推广和创新。李云博拿出了从前从没有过的学习劲头，不眠不休地补课学习，系统梳理了网球的发展进程，对收来的每一只球拍的背景和故事进行了详细的整理。除此之外，他还收藏了大量与网球相关的书籍、邮票、球、旧报刊、版画、广告等。原本对收藏一窍不通的李云博，通过这样的实战，迅速成长为一名具备专业知识和成熟收藏理念的网球收藏者，令李云惠对他刮目相看。

2021年3月28日，云木拍收藏馆成立的那天，正好是李云博33岁生日，李云惠也满58岁了。那是一个阳春布德泽的日子，透过场馆的窗子向外望，可以看到不远处的草地有些斑驳，刚冒出嫩绿色细芽儿的小草在阳光下带着亮光。迷你的网球场地上，两个姑娘挥拍奔跑，高高的马尾辫在半空中飞舞。

李云惠注视着正在为嘉宾讲解的李云博，心里像装了个太阳一样亮堂堂的。此时的李云博，正像一柱光一样，吸引着所有宾客的注意力。从大家专注的目光中，李云惠看到了大家对他的欣赏与敬佩。李云惠心中涌动着深深的感慨。她眼中干什么都不走心，永远也长不大的儿子，居然在云木拍收藏馆的筹备过程中，展现出了非凡的毅力和超强的能力。他事必躬亲，不辞劳苦，像一艘舰船驶入了正确的航道，开始高奏凯歌，扬帆远航。

李云惠看看窗外，感觉内心充盈着希望和暖意。现在，她已经不是一个人了，她的身边站着他，她的儿子，她永远的牵挂，最可信赖的依靠。不远处，那两个奔跑跳跃的身影，仿佛就是从前的自己，充满了青春的力量。

彼时，注目窗外的她，心头突然闪现了一道亮光。她想起网球爱好者、原北京奥组委执行副主席蒋效愚对她说过的话："网球文化值得深入研究，而你是中国网球界的代表人物，为什么不出资做一家网球博物馆，对网球文化进行进一步整理和挖掘，对网球事业进行深入的宣传推广？"

"云博，我跟你商量个事。"李云惠想对走过来的儿子说出心中的想法。刚开口，却发现儿子也正若有所思地望向她。

"我也有个事想商量……"李云博的眸子也是亮亮的，眼神中有一种跃跃欲试的，或者说是胸有成竹的笃定。

那一刻，就像水雾遇到阳光，一种彩虹般的绚烂在母子二人交汇的目光中闪耀。

成立正式的网球博物馆，是李云博在收集整理网球历史的过程中一直盘亘于心头的念头。只是成立一家民办博物馆，可不像设立在公司下面的收藏馆那样，收一些东西布个展就行的。它意味着要具备真正的法人资质，需要投入大量资金，配备专业的工作人员，场地要达到标准要求，最重要的是得持之以恒，不是说不想办了就可以随便放弃的。所有这些，说到底需要4

个字：吃苦、奉献。他是还年轻，有的是时间和精力折腾，母亲却已是退休的年纪，辛苦了一辈子，还要她继续奉献，这样做合适吗？何况，经济上的投入可不是小数目，而财力方面主要还是得靠母亲的支持。

当他看到母亲望向他的目光时，他知道，他的一切顾虑都是多余的。他了解他的母亲，网球事业对母亲而言，就是她心中一团永远不会熄灭的火。

母子二人再一次一拍即合。他们把位于朝阳区水碓子北里11号，属于奥丽吾的一个院中院拿出来，无偿提供给博物馆使用。李云惠担任博物馆理事长兼法定代表人，再一次发挥所长负责博物馆的项目策划和长期发展规划；李云博担任馆长，利用自身优势，负责博物馆的馆藏、布展和日常管理。关于资金的问题，他们认真地进行了商量，并做出郑重承诺，除捐赠50万元开办资金之外，将来如果博物馆遇到经济上的困难，会拿出奥丽吾的利润给予补助。奥丽吾由母子二人共同持股，这样的承诺会让他们的收入受到不小的影响，但他们说，要做博物馆就要好好做，把它做成百年博物馆。

2021年9月7日，中国唯一一家网球主题博物馆——北京云汇网球木拍博物馆，在李云惠和李云博母子二人的努力下正式成立。

李云博为布展下了狠功夫。

他追溯了现代网球运动的起源，梳理了世界网球的历史脉络。展厅中的一个英国 Clark&Co 生产的草地网球箱，以实物的形式向人们展示了网球运动的起源，是博物馆的镇馆之宝。

他挖掘了网球球拍从无到有，从木质、铜制、铁制、铝制、碳纤维等材质，偏头形、平头形、椭圆形的边框，到鱼尾、扇尾的手柄等各种形状变化的历史演变过程，并在馆内对这些内容做了系统的展示。

他关注中国网球事业的发展，搜集、整理了 20 世纪 30 年代中国网坛的璀璨明星，人称"网坛姊妹花"的王春菁、王春葳的故事，在博物馆内展示了她们的奖杯、珍贵照片、历史书信以及风格独特的服装。

经过李云博的这番狠功夫，北京云汇网球木拍博物馆的展览内容越来越丰富多样，涵盖古董木拍、近代球拍、名人球拍，以及邮票、书籍、艺术品等各类与网球相关藏品近一千件。通过不同形式的展示，让参观者了解世界网球的历史发展历程，品味网球文化，让博物馆成为热爱网球的人的精神家园。

2022 年，北京云汇网球木拍博物馆在朝阳区非国有博物馆考核测评中，考核等次为"优秀"，得到了朝阳区非国有博物馆扶持资金 5 万元的补贴奖励；在朝阳区博物馆之城建设示范项目评审中，获得"特色博物馆"的授牌鼓励。

李云惠说，儿子的成长、进步和成就远远超出了她的期望，这让作为母亲的她感到无比自豪。对她来说，能与儿子一起分享成功的喜悦，能够在他遇到困难时给予鼓励和支持，就是她最幸福的事。同时，作为一个将毕生心血都投入到网球运动中的资深网球人，她更是由衷地感到欣慰和满足，她完全没有想到，她可以这样写下自己职业生涯的最后一笔。

为了博物馆事业的长远发展，北京云汇网球木拍博物馆现已更名为北京云汇网球博物馆。2023年9月30日，我受邀参加由北京云汇网球博物馆和中国网球协会、北京中国网球公开赛体育推广有限公司共同主办的"中国网球历史文化巡展（北京站）"，地点在北京国家网球中心钻石球场。

刘超英也参加了活动，并在发布会上发言说，她最开始接触李云博报送的备案材料时，觉得就网球项目而言，除了木拍就是球，能有什么内容做博物馆的展览呢？她没想到，原来网球世界还有这么丰富的文化内涵，网球的历史还有这么深厚的人文底蕴。北京云汇网球博物馆的挖掘，令网球背后的历史文化不会在漫长岁月里湮灭，让网球不仅仅作为一项运动项目为人所熟知，更让人了解其真正的精神底蕴。

在活动现场，我看到了李云博熠熠发光的身影。他面带微笑地站在展板前，自信而亲切地给围观的人群讲解着网球的起源、发展历史，以及网球拍经历的历史变革。他如数家珍地讲述着网球赛事和那些背景故事,以及那些与网球结缘的传奇人物。这一刻,他是众人仰望的网球专家,讲解深入浅出,流畅自然,引人入胜。他是一位引领者,为人们打开了一扇通往网球世界的大门。

就像动画片《七色花》中那个寻找七色花的小姑娘,跑遍了全世界,最终却在自己的家中找到了象征幸福的七色花,李云博也是寻寻觅觅30多年,终于找到了自己。原来,真正的自己不一定与母亲完全不同,而是可以与母亲站在一起,站成并排的树,一起迎着风,向着阳光,摇曳枝丫,同样是独一无二的风景。

闲庭阅百草:北京东璧堂中医药博物馆

2024年春天刚到的时候,我去采访北京东璧堂中医药博物馆馆长周海利。那时候风还是硬的,吹在脸上有些疼。可能是过敏了,初见面时,我的脸有些红肿。周馆长为我冲泡了一杯他自己研制的代茶饮品,两杯下肚,我的脸恢复了正常,胃里说不出的舒服。

周馆长告诉我,中医药作为中华民族的伟大创造,护佑着我们的祖先在无数次瘟疫、战乱和灾害中,一次又一次转危为安，几千年来才可以生生不息、绵延发展。作为中医药行业的从业者，他有责任有义务把中医药文化宣扬光大。

周海利的讲述，从他来北京创业开始讲起。

1995年8月，柏油路面仿佛被晒得吱吱冒烟，路边也没有阴凉，知了没完没了地叫着。那时候的周海利，还是一个瘦小的年轻人，他骑着一辆除了铃不响哪儿都在响的自行车，用了一个多小时的时间，从城乡接合部的住处来到五道口。喷着火舌的大太阳，让人喘不过气的热空气，令他浑身全湿透了。

周海利当时和双胞胎哥哥住一起，挤在一间不足10平方米的小房子里。房子又小又破，冬天像冰窖，夏天像闷炉。那些天由于太热，他夜里总是很晚才能入睡。早上起床的时候应该是中暑了，头晕得厉害，但他顾不上那么多，只喝了瓶藿香正气水就出发了。

他和哥哥共用一部破旧的传呼机，数字的，只能显示来电号码。不过真管用，就在前一天，他收到一个陌生传呼，回过电话后得到个惊喜，要他到五道口的一家小药店谈谈合作。

安徽亳州是周海利的老家，自古就是中草药产地。因为家里穷，他从11岁起就弃学了，先是帮着家里种草药，后来开始倒腾药材生意。他不怕吃苦，人很机灵，打拼多年成了当地小有名气的小老板，并且攒下了3000元。这对他来说简直是一笔巨款。那时候的他，觉得自己有能力拥有更大的世界。

他放弃了在当地触手可及的光明前途，带着全部身家来到北京。首都北京是他儿时的梦想，当他觉得自己有能力走出来的时候，他第一个想到的，就是来看看天安门。他不敢有太多的奢望，只希望能在这个全国人民都向往的大都市扎下根来。

他懂药材，在药材的原产地有大把的资源，以为一切都会顺理成章。可是出乎意料的是，他起早贪黑满北京地转，生生转了8个多月，几乎把大大小小的药店都跑遍了，却一单生意也没谈成。带来的钱已经花得差不多了，再不离开恐怕连路费都凑不够了，一向乐观的他也是一筹莫展。看来在北京扎根并不是那么容易的事，他做好了离开的打算。

正是这个时候，一家私营小药店请他来聊聊。对他来说，简直就像流浪在外饿了很久的小动物，看到有人拿着好吃的在向他招手。

可是此刻，他抹一把满头的大汗，把手搭在额头上抵挡着明晃晃的阳光，心里却冒出丝丝凉意。

小药店的门紧闭着，顺着门缝向里看，里面空荡荡的没有一点声息。他的心像从悬崖掉进了深渊里，黑暗，荒凉，仅有的一丝希望也破灭了。

也许，他应该先找个凉快的地方吃点东西。早上出发前就没吃饭，现在胃里唱着"空城计"，让他一阵阵心慌，但他根本没做选择就放弃了这个念头。一天吃一顿饭，是他来北京后的常态,他已经没有三餐的概念了。8个多月来,他已经习惯了一分钱掰成两半花。可是就算这样,也改变不了什么,他应该还是会在几天后回到老家,两手空空地从头再来。一定会比从前更难,从前他没钱很正常,只要他勤奋工作,照样会得到尊重。何况他从一个穷小子变成小老板,人们还是高看他一眼的。特别是他能舍弃一切到首都打拼,大家对他更是充满了敬意。可是如果他身无分文地回去,所有人都会看到他的失败,从前认可他能力的人,也不会愿意给他机会了。现实就是这样,谁也不会设身处地地考虑开创新事业的艰难,大家看的都是结果。

他心里乱糟糟的,来到一大片法国梧桐树下。盛大的树冠将凶巴巴的阳光抵挡在了阴影之外,让他的心绪稍稍有了些平静。他决定还是等一等,万一一会儿来人了呢,虽然他并不抱什么希望。

眼前,一栋白色的小楼引起了他的注意。倒不是小楼有什么特殊,而是白色墙面上的红十字,对他来说,比这浓郁的树荫更有吸引力。

走近细看,门口的牌子写着:清华大学医院。他找到看门人问人家需不需要中草药。有句老话说得好,死马当活马医,对他来说,他不抱任何希望,却也不想放弃任何一根救命稻草。

看门人告诉他，校医院确实需要中草药，但都会从常年合作的单位进购。并且，看门人不耐烦地对他说院长现在不在。也怪不得别人烦，此刻的他衣着寒酸，举止卑微，实在不像个正经的药材批发商。

他失望地走了出来，毒辣辣的太阳跟随着他的步伐。不过，他没有离开，而是趁人不注意，又偷偷溜了回去。

他径直溜到二楼，看到一个写有"院长办公室"牌子的房间，敲了敲门。

彼时，我面前的男人，正坐在他宽大的办公桌后，目光中充满自信，气质温和儒雅。这让我很难想象从前的他会有多么落魄。他笑着告诉我说，那个时候，他根本顾不上紧张，只滔滔不绝地向院长推荐他的药材。院长忽然饶有兴致地向他发问："你是哪里人？"他说他努力操着一口他认为的北京话，特别诚恳地告诉院长："我北京的。"他知道自己出身卑微，觉得在北京半年多的时间里，他完全可以以一口地道的北京话掩盖自己的出身，让人觉得他有雄厚的实力。

现在讲起来像个笑话，当时可是很尴尬的。他显而易见的谎言，更让他像个卖假药的。不知是走南闯北的院长看出他的本质，还是听到了他肚子里饿得咕咕乱叫的声音而怜悯他的不易，或是仅仅出于自身的涵养，总之院长没有赶他走，而是和颜悦色地对他说："你回去等消息吧。"

"院长是我的贵人。"周海利告诉我,后来校医院果然需要进一批新药,由于量很小不值得找合作单位,院长便让人给他打了传呼,请他提供一些石膏、白花蛇舌草和茯苓。他抓住了那个得之不易、如天赐一般的机会,带去了上等药材,一共赚了30元钱。就是这一次,院长看出了他的诚恳与厚道。后来在某次北京市高校校医院的会议上,向同行介绍了他。从那以后,他开始为各个高校的校医院供药,然后一点点开拓了他的商业版图。

周海利告诉我,他在最开始并没有为自己的人生设立多么远大的理想,但每一个小目标,他都拼尽全力去实现。积少成多,渐渐有了规模,他便有了更多的责任感和更明确的努力方向。

2008年,周海利在大兴区黄村镇太福庄工业区,成立了集中药材种植、生产、研发、销售与中医医疗服务于一体的综合企业——北京时珍堂药业有限公司。随后,在通州区漷县镇建立6000亩种植桔梗、板蓝根、赤芍等的中草药基地,在老家亳州优选2000多亩地作为白芍、牡丹和菊花的种植基地,在内蒙古赤峰市巴林左旗设立11 000亩桔梗、黄芪、防风、甘草等药材种植基地,还在湖北宜昌设立了分公司,实现了中药饮片的产地加工、储藏标准化,还在湖北巴东县建成了2333亩中草药GAP标准化种植基地。周海利告诉我,中国传统中草药讲究产地,只有当地的风、水、土、气温才能种出好药材,所以他要"追根溯源",做"道地"药材。他特意为我解释,"道地"虽与"地道"同一个意思,但放在中草药行业里,才是最"道地"的表达。

2018年,周海利又投资1.5亿元,在房山区中关村园区海聚基地兴阎街建了占地面积2万多平方米的新厂区,将公司名称变更为北京周氏时珍堂药业有限公司,下设2家分公司、4个种植基地、5个业务板块,全方位推广中医药产品和文化。

从小以中医药为职业的他,脑子里的目标日渐明确,就是要从源头抓起,从质量抓起,一步一步努力,让自己有能力扛起振兴中医药文化的大旗。

商业上的成功并没有让周海利止步,他的心底里还有一团小小的火苗。每每看着自己经年的收藏,那些小火苗发出噼里啪啦的声响。

从年轻时起,周海利就把所有遇到的与中医药相关的书籍、文物都收集到一起。几十年来,已经收藏了清代至民国时期的各类牌匾2000余块,各个时期各种材质的捣药缸3000余件套,明清及民国时期中医药类古籍2.5万余册,各种药罐、药瓶近2000瓶,其他还有诸如药王像、虎撑、药铺天平、戥秤、中医行医工具、各类远古时期恐龙化石、医师奖杯、郎中处方、镇尺、杏林堂蒸锅、恭和堂炼药炉等。经过文物部门评定,有一级文物20余件套,二级文物50余件套,三级文物 100 余件套。他的这些藏品，勾勒出了中医药文化发展的历史脉络。这些庞杂的藏品，将他的仓库填充得满满当当，也让他的心无法平静。

太早放弃学业，一直是他心里隐隐的痛。对知识、对文化的渴望，就像小草渴望养分一般，拼命将根须扎向深处。肯下大功夫，花大价钱去收藏，是源于对文化的饥渴。当藏品越来越多，成立博物馆就是他填补内心空缺的良方。

2011 年，周海利下定决心筹建中医药博物馆。在他朴素的认知里，自己从年轻时开始就热衷的收藏，只有通过博物馆的展览展示，才能发挥出最大作用。他一方面积极扩充藏品，一方面学习博物馆方面的有关知识。为了办好博物馆，周海利开始一家家走访已经成立的民办博物馆，了解各个馆开展活动的情况，了解大家遇到的困难和克服困难的方法。在充分掌握情况的基础上，2021 年 3 月 1 日，他在自己的商业王国——房山区兴阎街 11 号院中，正式成立北京东璧堂中医药博物馆。

我的心中充满了敬佩。也许对周海利来说，举办博物馆，不过是在诉说一个刚刚成年的初来京城的孩子，如发轫般的那种强烈又无法言说的莽撞与幸运，诉说自己作为主角的一段又一段跌宕的故事。他说，他没有上过太多学，社会就是他的大学，博物馆就是他的大课堂。

对于北京生北京长，从没经历过背井离乡、山穷水尽的我来说，那是一段又一段的苦尽甘来，一次又一次的涅槃重生，一段又一段的传奇神话。我之所以记录下周海利初来北京的艰辛，是因为我觉得，一个经历过穷途末路的人，可能更懂得钱财的意义，更珍惜自己花尽心力与运气赚来的每一分钱。

举办博物馆，要耗费巨资，而且还看不到商业回报，但周海利没有一丝犹豫。他说，这不仅仅是他们公司企业文化的一部分，更是他作为房山区非物质文化遗产项目"周氏膏滋炮制技艺"的代表性传承人，作为一个资深中医药从业人员，应当为中医药文化传承所做的努力。

参观北京东璧堂中医药博物馆，抚摸着那些上了包浆的煮药器，那些传统的行医工具，让人不自觉地徜徉在中医药文化海洋里。

最让人震撼的镇馆之宝，是"黄河巨龙"的化石。2011年，在中国常州举办的首届国际恐龙节上，著名古生物学家董枝明等12人组成的恐龙科普科研专家团，按照恐龙化石标本的产出年代、保存状况、科学价值，以及在公众中的认知度，公布了"中国百年十大最著名恐龙"，刘家峡黄河巨龙位列其中。北京东璧堂中医药博物馆里的这只"黄河巨龙"，与2002年开始发掘的刘家峡黄河巨龙，同属于原始的巨龙型蜥脚类恐龙，所处时代为白垩纪早期，不但对研究巨龙型蜥脚类的起源和早期进化具有非凡价值，也对研究龙骨、龙齿的药用价值具有重要意义。参观北京东璧堂中医药博物馆，便可以近距离地接触这一古老的化石。

周海利馆长说，他这一生注定是为中草药而活。他要拼尽全力做好中草药事业，宣传中草药文化，让惠及中华民族世世代代的中医药文化，在科技高度发展的今天，仍然高效地发挥其不可取代的作用。

清言酌昔酒：北京莱恩堡葡萄酒文化博物馆

2022年1月10日，由王恩来、王明飞父子俩共同出资举办的北京莱恩堡葡萄酒文化博物馆正式成立。博物馆坐落在房山区长阳镇稻田村的莱恩堡国际酒庄景区里，成为景区中一个重要景点。

对于莱恩堡国际酒庄庄主一家人而言，打破酿酒葡萄品种国外市场的垄断，开发属于中国独有的酿酒葡萄，让自己家乡种植的葡萄酿造出高品质的葡萄酒，走到中国老百姓的餐桌上、聚会里，甚至走向国际市场，是他们对葡萄酒事业规划的奋斗目标。而通过挖掘葡萄酒背后的文化，让更多人对葡萄酒的知识有更多了解，对其深厚的文化底蕴有更多的认知，则是他们实现目标过程中关键的一环。成立北京莱恩堡葡萄酒文化博物馆,便是这盘大棋中精彩的一步。

人们喜欢将王恩来、王明飞父子俩称为老少庄主。这是一种带有侠气的称呼,听起来很亲切,是对王恩来一家为中国葡萄酒产业和葡萄酒文化所做贡献的一种肯定。

老庄主王恩来1963年出生在北京房山,几十年的人生经历可谓身经百战,精彩纷呈。他小时候因为腿部受伤严重,高中没毕业就休学回家,伤好后在家务农,后当过建筑工人和大货车司机。

应该说,是家庭的幸福和夫妻之间的团结让他走上了辉煌的人生道路。1986年,王恩来与夫人张士英一起白手起家,先后创立了数十家公司,涉及建材、商贸、石油、化工、典当、物流、环境保护等行业。个中艰辛,不去明说也可意会。夫妇二人齐心协力,闯过了无数道沟沟坎坎,在各种不同的行业中,用勤劳与智慧创造了一个又一个商业神话,真是应了那句"长安何处在,只在马蹄下"。

相识于微时,相守于岁月。他们像肩并肩的战友,共同奋斗在未知的岁月里,在取得傲人成绩的时候也没有停下脚步,而是以更加开放的心态,以敏锐的观察力和勇于实践的精神,继续下一个领域的耕耘。

改革开放后,房山出现了第一家葡萄酒庄。之后房山区以"原产地,国际化,个性化,酒庄酒"为发展理念,以建设世界标准、中国风格、北京品质、房山特色为目标，着力打造规范的酒庄葡萄酒产区。

夫妇俩认识到，葡萄酒作为一种具有悠久历史和丰富内涵的饮品，不单单只是一种美味、健康的酒，更是一种文化的传承和情感的寄托。在未来的发展中，随着科技的进步和全球化的深入推进，葡萄酒文化也将会更加深入地融进人们的生活之中。因此，从2010年起，夫妇俩响应房山区政府的号召，开始在永定河与小清河交汇冲击所形成的平原之上，在他们的家乡房山区长阳镇，筹建莱恩堡国际酒庄。

经过十几年的努力，现在的莱恩堡国际酒庄总占地面积1000亩，其中有600亩的葡萄种植面积。酒庄采用标准化规范的葡萄种植模式和国际高水平的酿酒技术，集研发实验、葡萄种植、葡萄酒酿造、葡萄酒销售和发展葡萄酒文化创意产业于一体，年生产葡萄酒10万瓶，成为房山酒庄葡萄酒产区最具代表性的精品葡萄酒庄，也是房山区唯一的一家3A级酒庄景区。

同样是酒庄，莱恩堡国际酒庄有其独到之处。在绝大多数酒庄还在以进口葡萄品种为酿酒原料的时候，莱恩堡国际酒庄已经使用自主研发的葡萄品种酿造自己品牌的葡萄酒了。这源于夫妇俩对事业精益求精的追求。他们看到，在世界100多种酿酒葡萄的品种中，中国自主研发、自主培育的葡萄品种非常少。中国酿造的葡萄酒完全要依靠赤霞珠、品丽珠、蛇龙珠等国外进口的葡萄品种,但国外的酿酒葡萄品种进入中国后,因为气候、地理环境因素,不耐寒、不耐旱,还易遭病虫害,这在一定程度上限制了中国葡萄酒业的发展。因此,他们下大力气壮大科研团队,自主研发中国的酿酒葡萄品种。

莱恩堡国际酒庄所在的房山区,与法国重要的葡萄酒产区波尔多的纬度相同,是种植酿酒葡萄的黄金线。这里还拥有北京最大的山前暖区,全年日照达2600个小时,平均无霜期202天,具有昼夜温差大、升温快、日照充足、土壤有机质和矿物质含量丰富且透气性良好等特点,是种植酿酒葡萄的理想区域。

十几年的育种路,投入了上千万元,农业专家邹福林团队在莱恩堡国际酒庄的实验田里取得了重大突破。他们独创了酿酒葡萄"发芽一致、开花一致、结果部位一致、成熟期一致"的栽培方式,根据房山的气候特点,因地制宜地摸索出"多主蔓、双角度、高架面"的栽培技术,经过年复一年的筛选和试验,自主培育了酿酒葡萄新品种76个。

2019年5月,新品种"莱恩堡王子""莱恩堡公主"两种酿酒葡萄,获得了农业农村部颁发的植物新品种权证书,目前还有3个新品种在论证阶段。这些新品种的种植成功,打破了中国自主生产的酿酒葡萄品种稀缺的局面。用自己开发的葡萄酿造葡萄酒,成为莱恩堡国际酒庄的特色,现已有20多款葡萄酒获得包括大金奖、金奖和银奖的 300 多项国内外大奖。

　　夫妇俩并不满足仅仅在莱恩堡国际酒庄种植这些葡萄新品种，更是支持研发团队到全国各地去试验，将新品种的种植推广到宁夏、河南、福建、海南各地，希望自行开发的葡萄品种可以适应不同的地理环境和气候，让中国东南西北中 5 个方位都有莱恩堡国际酒庄的葡萄。

　　2023 年初冬的一个下午，我来到莱恩堡国际酒庄。这里不仅仅是葡萄研发、种植以及葡萄酒酿造的基地，更是一家规模庞大、项目繁多的独特的游乐场所。我看到足球场上一支球队正在封闭训练，场边是可容纳 200 人观赛的座席。旁边的棒球场上，一些人正在挥杆。在酒庄的开心农场，人们可以认领一小块农田种植蔬菜，也可以种植并且认养葡萄树。据说在葡萄的生长季，认养葡萄树的家庭便会带着孩子前来，在种植专家的指导下，在葡萄田里捉虫、修枝、灌溉，待葡萄成熟了，可以收获丰收的喜悦。这里还有可容纳 120 人同时用餐的西餐厅，可容纳 100 人同时用餐的中餐厅，可以举办大型庆典或接待公司团建，提供的都是酒庄地里自产的无公害蔬果。

　　庄主夫妇坐在我的对面，娓娓讲述莱恩堡国际酒庄的历史和未来。王恩来告诉我，与国外的酿酒葡萄品种相比，莱恩堡国际酒庄培育的酿酒葡萄更抗旱、抗涝，可以更好地抵御病虫害，而且花青素含量远超国外的酿酒葡萄。酿造的葡萄酒不仅口味独特，营养还更丰富，对人体健康更为有益。

他们的言语中，没有对十几年投资看不到成果的焦虑，没有对打造这样一个国际酒庄所经历的艰辛与困苦的抱怨，全部都是取得成绩时的幸福，是对他们自己培育的葡萄品种的自豪。我猜，永远保持积极向上的心态，永远像对待自己的孩子一样，以饱满的热情和全部的爱去对待每一项工作，应该是他们在人生的战场上屡战屡胜的秘诀吧。

85后的少庄主王明飞，毕业于中国人民大学财政金融学院。进入家族企业后，他用专业的经济学知识和更具前瞻性和世界视野的见识，为企业注入了更大的活力。他推动创建了北京莱恩堡葡萄酒文化博物馆。来莱恩堡国际酒庄游玩的客人，在采摘和游戏之余，可以在博物馆里了解葡萄酒文化的发展脉络，体验葡萄酒的酿造过程，在精神愉悦的同时拓展知识面。

在儿子王明飞的影响下，庄主夫妇认识到推广葡萄酒文化对于发展葡萄酒酒庄的重要意义。在王明飞的建议下，北京莱恩堡葡萄酒文化博物馆设立在莱恩堡国际酒庄最中心的主楼，建筑面积有1814平方米，是集葡萄酒文化公共教育、产物展示、文化传承、文化休闲于一体的专业性博物馆。它以葡萄酒的历史发展为线索，用翔实的资料、科学的方法和现代化的展览形式，展示了世界葡萄酒文化的发展历程和现状，也对中国葡萄酒的发展进行了梳理。

博物馆的常设展为"莱恩堡葡萄酒文化展",由四部分构成。第一部分"文明璀璨 佳酿传世",追溯公元前6000年葡萄种植的起源,及至大航海时代造就的新世界葡萄酒产区,讲述了历史悠久的世界葡萄酒文化。第二部分"甘美醇香 品醉中华",从《诗经》中对葡萄的记载、张骞自西域引入葡萄、近代西方葡萄酒东来、现代中国葡萄酒技术革新这一历史行程里,展示中国葡萄酒文化的渊源与日新月异的发展。第三部分"自然馈赠 房山新酿",讲述房山区响应国家政策,借自然地理的优势发展葡萄酒产业及近年来取得的各项成就,前瞻性地打造享誉全球的世界级美酒特色产区的发展前景。第四部分"创新探索 莱恩之道",总结莱恩堡国际酒庄创建以来在工艺领域取得的成就和荣誉。

除此之外,王明飞还在博物馆内设置了世界葡萄酒长廊,对全球40个酿酒国家的葡萄酒风格与酒品进行展示。同时,开发了互动体验项目,将葡萄酒酿造工艺与互动投影相结合。

北京莱恩堡葡萄酒文化博物馆被打造成了一个妥妥的"富二代"。它的场地由莱恩堡国际酒庄无偿提供,没有房租、水电费用压力;工作人员由酒庄员工兼任,没有人员工资压力。如此,它便可以不必捉襟见肘地艰难度日,不用费尽心力地苦苦挣扎。也因为如此，它才可以心无旁骛地对葡萄酒发展历史与人文情怀进行深入的研究和展示。游客漫步其间，便似进入葡萄酒王国。

博物馆副馆长王明飞说，用企业的财力来保障博物馆的运行，才能更好地保障民办博物馆的持久发展。就目前阶段来讲，这不失为保障民办博物馆持续发展的良策。王明飞希望通过北京莱恩堡葡萄酒文化博物馆的长久发展，让中国的葡萄酒文化，可以在历史的长河里留下清晰的一笔。

心里装着事业的人，永远像强壮的大鸟。他们怀着对远方的期待，怀着对未来的憧憬，凌空展翅，没有什么可以阻挡他们的飞翔，崇山峻岭都是他们的天空。

后记 深谢暖风传馥郁

我一直觉得,这世上有一种神奇的力量,是人类未知未解却能感知到的。

博物馆便是拥有这种力量的一个重要的场所,它可以彻底改变一个人。在博物馆里,最大限度地接触文物,吸纳其中的精华,便能够由物入心,实现精神上的自由和解放。

我本是一名普普通通的公务员,做着一份平平常常的行政工作,从刚工作起,几乎就可以把余生的日子看到底。因为从事民办博物馆登记管理工作,我渐渐爱上了逛博物馆。从民办博物馆到国有博物馆,有好几年,我几乎每个周末都是在各个博物馆里度过的。我爱上了欣赏文物,也付出了极大的努力去学习文物鉴赏。虽然没有触摸到文物鉴定之皮毛,但我毕竟进入了这片水域。每一次参观博物馆都不是白去的,每一本书都不是白看的,每一次"打眼"的钱都不是白花的。我不会游泳,但我享受在水里的扑腾。

不要以为那些古老的文物都是冰冷的器物。不,它们有消失不了的温度和强大的生命力。它们远远地看着我,以无声的语言解我生活中的惑。它们告诉我,岁月很长,你不要太慌张；它们告诉我，生命很短，要过好每一天，任何蹉跎都是对生命的辜负。

它们像一朵朵充满文化能量的水花，紧紧包围着我，轻轻地拍打着我，让我有了更多中流击水的渴望。这种影响是潜移默化的，也是会无限延伸的。我在它们的影响下，喜欢上了书法、绘画和篆刻，摸索着学习，现在可以在每年春节前写副对联贴在家门口，也可以把自己的篆刻和绘画作品送给亲朋好友。

再然后，我喜欢上了写作。

我从没想过自己会成为作家。因为看了很多书法作品和需要在画作上题字，我便开始研究格律诗，学习写诗、词、赋、对联，然后尝试突破格律的限制，写了一些带古风韵味的现代诗，自然而然地进入现代诗歌的领域。自己摸索了一两年，写下了几十首当时自以为挺不错的诗歌，还举办了专场诗歌朗诵会。基于这样的写作基础，我有幸参加了北京老舍文学院首届中青年作家高级研讨班的学习，从此开始了小说、散文、报告文学等更多文学体裁的创作尝试。

那是一段忙碌并幸福的日子。白天，我有干不完的工作，只有夜晚才能进入写作的秘境。我像马儿踏进草原，明知自己不会飞翔，却拼尽全力奔跑，感受风的力量，哪怕离开地面一点点，也仿佛长出了翅膀。

我脚踩大地，仰望天空的方向，展翅，在独属于自己的四季去看不同的风景。短短几年时间，我在各类文学期刊上已经发表了二十几万字的作品，顺利成为北京市作家协会会员。

从来没有白来的"馅饼"，看似一帆风顺的收获，都是呕心镂骨的努力和一点一滴的积累。追根溯源，是民办博物馆给了我最初的动力，让我这只普普通通的"小兽"可以拥有天空，拥有凌空飞翔的机会和力量。我知道，是那些从无尽的远方而来的古老的文物，积蓄着日月风雷的能量，携带着无数先人的智慧和精魄，它们把这些传递给了我。

把北京民办博物馆相关的人和事写下来，是我藏在心里多年的愿望。在工作中，我一次次被民办博物馆人的事迹所感动，被那些传奇又真实的故事所感染。他们真正达到了"乘物以游心"的境界，不在乎名利，不执着于得失，不被外物所束缚，专心于收藏和博物馆事业，专心于自己热爱的事，拥有开阔的心境与通达的人生。我暗下决心，要通过写作来记录下他们的白发和皱纹，记录下他们的痴爱与坚强。我希望所有人通过我的记录，看到他们踏歌而行的身影。我的愿望像一只埋蛹，在黑暗的泥土中蛰伏，始终在等候黑暗之后的黎明。如今，它终于破土而出，羽化成蝶，拥有了飞翔的自由。

我把从博物馆世界中感受到的情感与力量倾注于本书中。希望大家可以通过阅读这本书，从了解民办博物馆开始，进而走进博物馆，在浩如烟海的文化"场"里，每天吸收一点点，积少成多，渐渐拓展更多的方向，让生活变得更加多姿多彩。

走进民办博物馆，让博物馆赓续的文脉赋予我们能量；走近民办博物馆人，让他们拥有的丰富而美好的精神力量予我们以启迪。如此，与他们相通，与亘古的文物相通，抵达乘物游心之境界。

感谢所有北京民办博物馆人。书里的每一个故事都是他们亲口向我讲述的。在我写作的过程中，他们一遍一遍不厌其烦地回答我的各种细节问题。每写完一个场馆，我都会请他们审阅，他们会提出非常细致的修改意见。特别是陈丽华先生，已经80多岁的高龄，还逐段逐字地帮我修正其中的歧误。

感谢北京市文联对北京民办博物馆这一题材的重视，感谢北京老舍文学院对我的培养，感谢众多老师从专业的角度对本书提出的修改意见，感谢在我写作路上一路相伴、做我第一读者的师友们，感谢中国大百科全书出版社让这部作品以更好的方式呈现。

深谢暖风传馥郁，长逢锦雨润尘生。感恩所有遇见。